Barbara K.U. Franke **Herzenspfade**

Band eins

Tiere sprechen
von Herz zu Herz

Barbara K. U. Franke

Herzenspfade
Der Rat der Tiere
und das Rad des Lebens

»Der Einfachheit und besseren Lesbarkeit halber wurde im Buch darauf verzichtet, die Leser und Leserinnen jeweils mit beiden Anreden anzusprechen.«

Bibliografische Information der Deutschen Nationalbibliothek
Die Deutsche Nationalbibliothek verzeichnet diese Publikation in der Deutschen Nationalbibliografie; detaillierte bibliografische Daten sind im Internet über http: // dnb.d-nb.de abrufbar.

Impressum
© 2011 Barbara K. U. Franke (Wendlingen)
E-Mail: barbara.franke@tierkommunikation.eu
Internet: www.tierkommunikation.eu

Autorenfoto: Maren Moster
Titelbild und Zeichnungen: K. Uwe Bötsch
Satz, Druck und Bindung:
Vereinigte Druckereibetriebe Laupp & Göbel GmbH, 72147 Nehren

Printed in Germany
ISBN 978-3-00-036805-9

4

Danksagung

Mein größter Dank geht an K. Uwe Bötsch, meinen Lebensgefährten, Freund, Lehrer, Schüler, Manager und »Motivator«, der mir besonders in der Zeit des Schreibens, aber auch zu fast jeder anderen Zeit den Rücken frei gehalten hat. Nur durch seine Unterstützung bin ich heute dort, wo ich bin.

Danke an meine Eltern, dass sie mich all die Zeit ertragen haben und dass ich sie als Eltern haben darf, auch wenn es nicht immer einfach war!

Danke an meine drei Korrekturleserinnen, Katharina Horz, Katja Metzler und Ingrid Franke, die nicht nur Rechtschreibfehler gefunden, sondern mir auch das sehr wichtige erste Feedback gegeben haben.

Danke von Herzen an all »meine« Tiere, die mich durch mein Leben begleitet haben und immer noch begleiten, die mich so viel gelehrt haben und immer für mich da sind.

Benni – mein Engel in meiner Jugend und auch noch heute.

Mona – mein Spiegel und meine große Lehrerin.

Tom – unser Heilkater und cooler Typ.

Paul – mein »neuer« Engel und mein Ausgleich.

Ein herzliches Dankeschön geht an all die Tiere für ihre Hilfe und bereitwillige Überbringung der Botschaften und an deren Besitzer für die Erlaubnis, diese Texte hier abzudrucken.

Mein Dank gilt:

Sandy (ohne die ich nie auf die Idee gekommen wäre, ein Buch zu schreiben und die mich über ein Jahr auf ein Gespräch warten ließ) und ihrem Frauchen,

Filou und seinen Besitzern,

Lakis und seinem Frauchen,

Blümchen und ihrer Familie,

Thyson mit Freundin,

Muffin mit Frauchen,

Bonny mit Besitzern,

Willie mit Besitzern,

Rolanda mit ihren beiden Menschenfreundinnen

und auch all den ungenannten Tieren, die mir geholfen haben, dieses Buch zu schreiben, aber nicht namentlich erwähnt werden sollen.

Und natürlich ein Dank an alle Mitglieder im »Rat der Tiere«.

Von Herz zu Herz.

Inhaltsverzeichnis

Vorwort

Wolltest Du nicht auch einfach mal wissen, was Dein Tier denkt, wie es fühlt und warum es in einer bestimmten Situation handelt, wie es handelt?

Hattest Du auch schon einmal das Gefühl, dass die Tiere dieser Erde eine viel wichtigere Bedeutung für uns Menschen haben, als wir es uns mit unserem menschlichen Verstand vorstellen können?

Hast Du vielleicht schon einmal das besondere Wesen eines Tieres fühlen können?

Kam Dir je die Frage in den Sinn, warum manche Tiere ihr eigenes Leben riskieren, um einen Menschen aus einem brennenden Haus oder vor dem Ertrinken zu retten?

Oder magst Du einfach nur Tiere und Dein Herz geht auf, wenn Du sie beobachten, mit ihnen spielen und Deine Zeit mit ihnen verbringen kannst?

Egal welche Beziehung Du zu den Tieren hast, dieses Buch wird Dir eine vollkommen neue Welt eröffnen.

Es wird dir erklären, wie Tiere denken, fühlen und handeln und aus welchen Beweggründen heraus sie tun, was sie tun.

Du wirst erfahren, wie Tiere zu ihren menschlichen Gefährten kommen und wozu die Tiere überhaupt hier auf Mutter Erde sind.

Vielleicht wird Dir durch dieses Buch einiges bewusst und Deine Ansichten über die Tiere ändern sich.

Vielleicht entdeckst Du auch »nur« uraltes Wissen in Dir wieder.

Begib Dich ins Reich der Tiere und tauche ein in ihre Kraft und ihre Wirklichkeit.

Vielleicht wachst Du ja als »neuer Mensch« aus diesem Buch auf?

Wir, der »Rat der Tiere«, wünschen Dir eine herzeröffnende Zeit, die Du mit diesem Buch verbringen magst, und viel Freude beim Lesen.

Dein Leben kann sich verändern,
wenn DU dies wünschst ...

Einleitung

Nach sechs Jahren Tierkommunikation, in denen ich fast täglich mit Tieren gesprochen habe, kommt mir nur noch wenig seltsam vor. Ganz ehrlich.

Junge Schwalben, die sich gegenseitig fangend, beim Flugtrainings-Spiel um Hilfe rufen.

Ein Stier, dem es fürchterlich peinlich ist, wenn seine Kühe sehen, dass er von einem Menschen gestreichelt wird, und Tiere, die einem die kleinsten und intimsten Details aus ihrem und dem Leben ihrer Menschen erzählen.

Ich habe seltsamste Dinge, Lebenserfahrungen und erstaunliche Aufgaben beschrieben bekommen und mit der Zeit gelernt, die Dinge so weiterzugeben, wie sie bei mir ankommen.

Aber als ich die Botschaft erhielt, ich solle ein Buch schreiben und zwar innerhalb eines Monats, da zweifelte ich schon etwas an meinem Verstand und der Klarheit meiner Antennen.

Da erzählt mir die sehr weise Hundedame Sandy – sie ist übrigens die Großmeisterin der Hunde im »Rat der Tiere«, aber dazu kommen wir später –, die mich fast ein ganzes Jahr auf eine Kommunikation warten ließ, weil ich noch nicht »weit genug« in meiner Entwicklung wäre, dass ich nun dieses Buch zu schreiben habe.

Das Schönste an der ganzen Thematik dieses Buches ist, dass ich selbst noch nicht einmal weiß, worüber ich schreibe, welche Inhalte das Buch haben wird, wie der Anfang und das Ende sein werden, oder um ganz ehrlich zu sein, WARUM ich dieses Buch überhaupt schreibe.

Obwohl das WARUM mir zwar stückchenweise erklärt wird und auch der Inhalt sich mir mit jeder getätigten Tierkommunikation etwas weiter offenbart, ist es dennoch immer sehr spannend, wenn ich mich, teilweise ziemlich planlos, hinsetze um zu schreiben.

10

Aber dazu möchte ich gleich Sandy zu Wort kommen lassen. Sie hat mir sehr eindringlich und prägnant erklärt, dass ich dieses Buch schreiben werde und was nun meine Aufgabe ist.

Sandy und der Auftrag

Hier das Gespräch mit Sandy vom 27. Mai 2011:

Hallo Sandy. Muss ich mich dir noch vorstellen?

Nein. Ich habe dich jetzt so lange beobachtet, ich kenne dich so gut wie kaum ein Zweiter.

Es wird auch Zeit, dass du deinen Entwicklungsprozess endlich genügend vorangetrieben hast, um bereit zu sein, mit mir zu sprechen. Das freut mich sehr.

Ich danke dir.

Lass bitte mich sprechen.

Teils war ich sehr ungeduldig, wenn ich sehen musste, wie du auf der Stelle getreten bist. Weißt du, Menschenkind, du hast große Gaben und Talente und du bist sehr langsam dabei, sie zu entwirren. Aber ich sehe Fortschritte.

Fortschritte in dem Maße, dass ich sagen kann, du bist nun bereit. Fühlst du dich gut?

Äh ja, ich fühle mich gut. Das ist normalerweise meine Frage.

Nimm bitte zur Kenntnis, dass das hier nicht normal ist. Ich bin besonders und du bist besonders.

Wenn so besondere Wesen aufeinander stoßen, dann kann ein Gespräch nicht »normal« verlaufen. Siehst du das genauso?

Äh, ja.

11

Bist du so unsicher, oder warum stotterst du so herum?

Weil ich ganz und gar nicht gewohnt bin, dass ein Gespräch auf diese Art und Weise abläuft. Ich kenne es, dass mir Tiere erst mal viel erzählen, aber ich bin es einfach nicht gewohnt, dass mir das Ruder total aus der Hand genommen wird.

Also um bei deiner Seemannssprache zu bleiben. Ihr habt alle endlich die Segel gehisst und nehmt Kurs auf eine neue Zeit. Und damit ihr nicht vom Kurs abkommt und der Wind euch immer gut weht, dazu bin ich nun hier.

Verstehst du nun, was meine Aufgabe ist und warum wir uns erst jetzt, da du soweit bist, unterhalten? Es geht hier weder um mich noch um meinen Menschen noch um dich. Es geht um die Menschheit.

Also gut. Ich höre zu und schreibe mit.

Wenn ich nur jemanden benötigt hätte, der stur ein Diktat schreibt, dann hätten wir das vor Monaten tun können. Ich benötige dich, weil ich weiß, dass du zwischen den Zeilen zu lesen vermagst und das zu verstehen, was ich dir sage. Also los.

Okay. Also los. Noch weiß ich zwar nicht, was auf mich zukommt und was du von mir möchtest, aber ich freue mich dennoch auf dieses Gespräch.

Gut. Dann fangen wir mal an.
Es ändert sich gerade sehr viel in sehr kurzer Zeit. Das wirst du und das werden viele von euch schon festgestellt haben.

Ja, so ist es.

Ich weiß. Nun wird eure Zeit immer knapper und immer kostbarer.
Die Aufgabe von meinem Menschen und auch die Aufgabe von dir und deinem Mann wird immer deutlicher und dringlicher. Jeder von euch, und noch viele mehr, ist dazu berufen und dazu hier, um Klarheit in die Menschen zu bringen. Ihr seid dazu auf diese Erde gekommen, um den Menschen eine Richtung und ein Ziel zu geben.

Ihr seid dazu da, die Menschen zu erwecken.

Mein Mensch macht das schon etwas länger, denn sie hat sich schon ganz gut entwickelt. Du bist gerade sehr gut dabei und dein Mann wird hoffentlich auch sehr bald in die Puschen kommen. Mein Mensch ist ihren Weg nach anfänglichen Starthindernissen sehr zielgerichtet gegangen. Das war immer sehr spannend und auch lustig zu beobachten, da auch sie immer wieder gestolpert ist und nicht so recht wusste, was sie tat und warum. Erst als sie einen großen Entwicklungsschritt getan hat, hat das Ganze angefangen, Formen anzunehmen. Sie wurde klarer, hat ihre Bestimmung gefunden und ist ihren Weg gegangen.

Manchmal steht sie immer noch vor Biegungen und weiß nicht so recht, wohin sie sich drehen soll. Gerade jetzt ist wieder eine kleine Entscheidung fällig und gerade jetzt wird sie wieder eine gute Entscheidung aus ihrem Bauch heraus treffen. Manchmal steht sie vor Entscheidungen, trifft diese und bemerkt es nicht einmal. Sie macht das schon so im Schlaf, dass ich sie manchmal beinahe als Traumwandlerin beschreiben würde. Das erfreut mein Herz immer wieder.

Du dagegen gehst noch etwas plump heran. Du rennst manchmal über eine Kreuzung, merkst dann, dass da eine solche war, und musst wieder umkehren, um dann festzustellen, dass das eine wichtige Entscheidung ist, die zu treffen du fast verpasst hättest. Das meine ich mit plump. Du bist sehr fein, was uns Tiere und die Außenwelt angeht. Aber du bist manchmal eher ungeschickt, was dich selbst angeht, schießt am Ziel vorbei und musst dann erst wieder mühsam gebremst werden.

Deshalb bin ich hier. Ich bin hier als eine Koordinatorin.

[...]*

Nun ist es an der Zeit, dich zu leiten. Du hast sehr viel Aufmerksamkeit auf einen Schlag erregt und du bist nun angehalten, diese Aufmerksamkeit aufrechtzuerhalten.

Diese Aufmerksamkeit aufrechterhalten?

---

* Da aus den Gesprächen mit den Tieren nur die, für das Buch relevanten Teile benutzt wurden, steht dieses Zeichen dafür, dass zwischendurch noch andere Dinge gesprochen wurden.

Ja, Dummchen! Dein Weg ist es, den Tieren zu helfen, das ist klar. Aber anders als du bisher dachtest.

Nimm nun bitte ein Papier und einen Stift. Es dürfen auch ganz besondere Gegenstände sein, da sie dein weiteres Leben leiten und bestimmen werden. Nun schreib dir bitte parallel Stichpunkte dazu auf.

Du bist angehalten, die öffentliche Aufmerksamkeit weiter zu nutzen. Du wirst als Erstes einmal all die bisher gemachten Tierkommunikationen durcharbeiten und heraussuchen, welche für dich von Belang sind. Diese wirst du zusammenfassen, gut ordnen und als Buch aufarbeiten.

Ich fühle deine Ungläubigkeit und in gewisser Weise deinen Widerwillen. Das amüsiert mich, da ich diesen Widerwillen auch bei meinem Menschen anfänglich bemerkt habe.

Dein Herz schlägt schneller und du fragst dich, wen ich denn nun meinen könnte... Ja ich meine dich. Deine Aufgabe, wie du schon weißt, ist es, den Tieren und gleichzeitig den Menschen zu helfen.

Wie lautete deine Seelenbotschaft von Mittwoch, den 25. Mai 2011? »Menschen die, so wie du, mit ihrer Seele verbunden sind, erreichen Großes und sind angehalten, an immer noch Größeres zu glauben. Denn es ist immer noch Größeres möglich.« So in etwa war das doch, oder?

Ja, so in etwa war das. Und?

Und du warst jetzt einmal in der Öffentlichkeit. Du wirst nun deine Gene nutzen, dem Vorbild deines Vaters folgen und weiter in der Öffentlichkeit präsent sein. Das wird bald schon sehr wichtig sein. Du musst sicher und gewandt sein im Umgang mit den Medien und Menschen in der Öffentlichkeit. Du wirst als eine der Leitpersonen bei einigen Projekten an vorderster Front stehen. Du wirst dir nun einen Namen machen und viele werden mit dir zusammen hinter deinem Namen stehen.

Wie, das verstehst du nicht?

Nicht so ganz, nein.

Du wirst es schon noch verstehen. Du wirst den Tieren helfen, nicht indem du ihre Leiden linderst, sondern indem du ihnen hilfst, ihre Aufgaben zu erledigen. Und wir Tiere haben unsere Aufgaben, das weißt du.

Du wirst also dein Buch zusammenfassen. Mehr ist es nicht, denn du hast fast alles schon geschrieben. Du wirst ein paar Erklärungen schreiben und einige nette Anekdoten.

Das Buch wird das Leben, Wirken und die Aufgabe von uns Tieren erklären.

Das Buch wird nach anfänglichen Schwierigkeiten gut gehen und es wird dir viele Tierbesitzer und viele interessierte Menschen zukommen lassen. Deine Gespräche werden immer intensiver werden und schneller vonstatten gehen. Du wirst effektiver werden und deutlicher, klarer und zielgerichteter.

Dieses Buch wird dir auch wieder die Aufmerksamkeit der Öffentlichkeit einbringen.

Du wirst also deinen Namen wieder in den Medien sehen.

Es ist sehr wichtig, dass du in dieser Zeit weiter mit Uwe arbeitest und dein Gefühl findest. Es liegt gar nicht so tief unter der Oberfläche, wie du meinst. Die Gabe, die du dir mühsam erarbeitet hast, deine Gefühle im Zaum zu halten und, wenn es sein muss, zu verbergen und kurzfristig zu vergraben, wird für deine Arbeit mit der Öffentlichkeit noch unbezahlbar werden. Du wirst aber nur effektiver und schneller werden können, wenn du deine Gefühle findest und sie leben kannst. Du wirst lernen, sie auszuschalten, wenn du mit den Medien zu tun hast, aber sonst werden sie präsent sein.

Und warum erzählst du mir das alles? Ich meine, du bist doch nicht meine Gefährtin.

Ach, du begreifst es immer noch nicht?

Ich bin die Großmeisterin der Hunde. Ich bin für viele Menschen da. In erster Linie aber bin ich für »die Sache« da. Und was die Sache ist, wirst du ja wohl wissen?

Der Aufstieg?

Genau, Menschenkind! Der Aufstieg. Und da sowohl mein Mensch als auch dein Mann, euer Freund Michael und noch so viele andere für diesen Aufstieg da sind, bin ich für all diese Menschen da. Und da du eine

Dolmetscherin für uns Tiere bist, sowie ein weiterer wichtiger Baustein für den Aufstieg, deshalb instruiere ich jetzt erst einmal dich.

Wenn es nötig sein wird und wenn die Menschen es wollen, dann werde ich gerne auch noch andere von euch leiten. Aber jetzt bist du dran. Und mein Mensch weiß das und versteht es.

Also gut. Dann danke ich dir.

Auch wenn du dich gerade fragst, warum du überhaupt mit mir sprichst und ob du das überhaupt alles wissen möchtest, was ich dir sage?

Ja, auch dann. Aber kann es sein, dass du besser in mir lesen kannst als ich in dir?

Du bist ein gläserner Mensch für mich. Ich sagte bereits, dass ich dich in- und auswendig kenne. Besser als du dich selbst.

Du wirst also durch dein erstes Buch wieder in der Öffentlichkeit stehen.

Der Zeitraum bis dein Buch fertig sein muss – und hör endlich auf, hinten in deinem Kopf mit mir verhandeln zu wollen. Ich sehe, höre und spüre das! Es ist faszinierend. Du machst diese Kommunikation mit mir und kannst im Hinterkopf immer noch Kommentare und Einwände sowie flehentliche Zeitaufschübe abgeben. Wie machst du das nur? Wieviele Ebenen arbeiten gleichzeitig in dir?

Die Kommunikation ist ja »nur« ein Aufschreiben. Meine Gedanken laufen gleichzeitig nebenher ab. Daran merke ich, dass ich mir die Worte zwischen dir und mir nicht ausdenke, wenn ich, während du etwas sagst, nebenher meine eigenen Gedanken denken kann. Nur wenn ich zu Wort komme, was hier ja eher selten ist – das ist aber echt okay –, dann muss ich nachdenken und kann nebenher nichts anderes mehr denken.

Dann also weiter und hör auf, immer deine Hinterstubenkommentare abzugeben!

Der Zeitraum bis dein Buch fertig zu sein hat, also der Abgabetermin ist der 31. Juni 2011.

Bitte WAS? Das kann unmöglich dein Ernst sein!

Doch, das ist mein Ernst. Du hast doch eh schon alles fertig. Du brauchst es nur noch zusammenzufassen! Und der Verlag wird sich dann auch ganz leicht finden. Den Rest über das Buch erkläre ich dir ein andermal.

Und wie soll ich die vielen Aufträge abarbeiten, die nach der Sendung (SWR Nachtcafé vom 20. Mai 2011) reingekommen sind?

Ganz einfach. Als erstes hör auf, verschwundene Tiere zu suchen. Das kostet unnötig Zeit und ist doch meist sinnlos. Die Tiere sind weg, weil sie sich dafür entschieden haben, und die Menschen werden das eh nicht verstehen wollen. Widme dich nützlichen Aufgaben.

Hilf den Tieren, die noch bei ihren Menschen sind und dort Aufgaben zu erledigen haben. Das ist viel sinnvoller und effektiver. Das entspricht auch viel mehr deinen Aufgaben.

Und die Frage, wie du die ganzen Anfragen abarbeiten kannst, ist einfach. Du musst in der Woche nur 3 Tierkommunikationen machen und so wirst du immer gut über die Runden kommen. Es werden immer genug da sein, damit du das schaffst und dir die Arbeit auch nicht ausgehen wird.

Du kannst dieses Wochenende gleich dazu nehmen, um an deinem Buch zu arbeiten.

Meine Güte, wir kommen nur schwer voran.

Kannst du dich noch konzentrieren?

Ich schätze schon.

Nein. Lass uns eine Pause einlegen. Ich rufe dich, wenn du weitermachen wirst.

Alles klar.

So geht das nicht! Wenn ich dich rufe, dann komme bitte.

Also gut. Du musst mehr Disziplin lernen. Du hast mich gehört und bist dennoch nicht gekommen. Lerne zu horchen und zu gehorchen. Ich bin ja nicht gegen dich oder möchte dich beherrschen, sondern bin hier, um dir zu helfen.

Alles klar. Machen wir also weiter.

Gut, das machen wir.

Du weißt also schon, dass du medienwirksam werden darfst, um die Sache bestmöglich vorantreiben zu können.

Du weißt, dass du binnen eines Monats dein erstes Buch zu schreiben hast, das dich wieder in die Öffentlichkeit bringen wird. Du weißt, dass du 3 Tierkommunikationen pro Woche machen sollst und dass du keine vermissten Tiere mehr suchen sollst. Du kannst gerne einen Ring aufbauen, der Tierkommunikatoren verbindet und in dem ihr euch organisiert, um vermisste Tiere zu suchen.

Auch das lässt sich medienwirksam umsetzen.

Alles klar. Kommt denn heute noch mehr?

Aber ja. Warte nur ab.

Eine weitere Aufgabe von dir wird wirklich auch der Hof sein. Ich brauche dir nicht sehr viel von dem Hof zu erzählen, denn du weißt schon das meiste. Du hast beim letzten Für-dich-Treffen (Meditations- und Channelingabend) einen Termin bekommen, zu dem sich der Hof für euch verwirklichen wird. Bis dahin wäre es gut, wenn du alles dafür vorbereitet hast. Mehr zu diesem Thema wird hoffentlich weiter hinten erscheinen!

Du solltest jetzt schon so langsam damit beginnen, ein Konzept zu erstellen. Plane die Tierhaltung und die Unterkünfte der Menschen. Wie soll es sein, wenn die Menschen mit Tieren anreisen? Was sind eure Schwerpunkte? Bau deine Vision aus, denn nur so wird dich derjenige, der dir den Hof übergeben wird, finden. Fertige Zeichnungen an, mach Plakate und gib dem Kind einen Namen. Den Namen wirst du in der Natur finden, wenn du mit deinen Tiergefährten unterwegs bist.

Du hast zweimal die 5 in deinem Numeroskop. Du kannst planen! Nutze dies. Mache dir einen Plan und richte dich danach. Plane deine Tage, denn du bist gefährdet, in den Tag hineinzuleben. Mach dir einen Monats-, Wochen- und Jahresüberblick. Schreib dir immer auf, was du am nächsten Tag erledigen willst, und setz es penibel um. Schreib dir lieber weniger auf und schaff das dann auch. Das ist besser, als wenn du dir zu viel aufbürdest und immer unerledigte Dinge im Plan stehen hast. Dann ist es wichtig, dass du dir einen Gesamtplan machst. Aktualisiere deine Absichtserklärung und überprüfe sie regelmäßig. Überarbeite deine Visionstafel immer wieder und visualisiere regelmäßig. Am besten jeden Tag.

Wenn du Pläne machst und diese auch einhältst, wirst du viel mehr Zeit am Tage haben. Es ist die Struktur, die dir fehlt.

Der Teil mit den Plänen: Tages-, Wochen-, Monats- und Jahresplan, der gilt für alle.

Ich denke, du weißt jetzt erst einmal genug.

Damit möchte ich den Teil für dich und die Sache abschließen.

[…]

Ich danke dir, Barbara, dass du mitarbeitest und auf mich hören wirst, denn das wirst du.

Und ich freue mich sehr, immer wieder mit dir zu sprechen.

So, nun entlasse ich dich in dein Wochenende und sei gegrüßt vom »Rat der Tiere«, den du im Übrigen auch in dein Buch einführen darfst. Es wird Zeit, dass die Welt von uns erfährt.

Ich verneige mich vor dir, Barbara K. U. Franke (behalte den Namen bei, er wird dir Glück bringen und leitet dein neues Leben ein), Mitglied im »Rat der Tiere«.

Von Herz zu Herz.

Von Herz zu Herz. Ich danke dir, verbunden in tiefster Liebe. Darf ich noch etwas fragen?

Immer. Du wirst mich auch noch öfters fragen, auch ohne es festzuhalten.

Warum der 31. Juni? Dieses Datum gibt es bei uns doch gar nicht?

Ach, sei nicht so eingeschränkt. Wer hat denn die Zeit erfunden? Ihr Menschen oder wir Tiere?

Das Buch muss am Ende des Monats Juni fertig sein! Gut so?

Gut so.

Siehst du. Schon wieder ein Kapitel in deinem Buch. Das Zeitgefühl der Tiere oder die Tiere und die Zeit.

Ich danke dir von Herzen. Es ist mir eine große Ehre, nach und nach immer mehr Großmeister des Rates kennenzulernen.

Und alle werden sie dir helfen, denn wir Großmeister gehören zusammen und werden immer zusammen arbeiten.

Ich danke dir sehr.
Bis bald.

Bis bald.

So. Da war ich erst einmal platt.

Wie ich schon betont habe, bin ich einiges gewöhnt, aber dieses Gespräch hat alles bisher Erlebte und Erfahrene in den Schatten gestellt.

Das sind klare Anweisungen und eine sehr genaue Vorstellung von dem, was ich zu tun habe. Nun, wenigstens weiß irgendwer, was ich hier tue.

Aber nun wieder zurück zum Buch.

In dem Gespräch mit Sandy ist die Rede vom »Rat der Tiere«.

Es ist nun wohl an der Zeit, den »Rat der Tiere« der Öffentlichkeit vorzustellen.

Dies tue ich nach bestem Wissen und soweit mir bisher Einblick gewährt wurde.

Kapitel 1

Der »Rat der Tiere«

Der »Rat der Tiere« ist eine Verbindung von allen Lebewesen auf diesem Planeten, in der Hauptsache aber wohl der Tiere, wie der Name ja schon sagt.

Jede Spezies hat einen Vertreter im Rat. Dieser nennt sich Großmeister.

Sandy zum Beispiel ist die Großmeisterin der Hunde. Sie ist quasi die Sprecherin und Vertreterin aller Hunde auf unserer Mutter Erde.

Unter »Hunde« sind alle Rassen und »Arten« von Hunden zusammengefasst. Es gibt also nicht noch einen Großmeister der Dackel, der Fox Terrier oder der Doggen, sondern alle gehören zu »Hund«.

Wölfe jedoch haben wieder ihren eigenen Großmeister, der alle Wolfsarten vertritt.

Großmeister ist man von Geburt an und hat sich diese Stellung schon in früheren Inkarnationen verdient oder ihn sogar getragen. Großmeister kann man also nicht werden, Großmeister IST man!

Alle Großmeister haben im »Rat der Tiere« das gleiche Recht. Jeder hat die gleiche Stimme und jeder ist gleich wichtig.

Jeder Großmeister hat eine besondere Verbindung zu seiner Spezies und spricht somit für alle Mitglieder dieser Spezies vor dem Rat.

Nehmen wir wieder Sandy als Beispiel:

Sie ist, wie schon erwähnt, die Großmeisterin der Hunde. Sie hat somit das Recht, vor dem »Rat der Tiere« für alle Hunde weltweit zu sprechen und deren Interessen und Meinungen zu vertreten. Sie kennt die Schwingung und die Wünsche der Hunde.

Hat ein einzelner Hund eine Bitte, Frage oder ein Anliegen an den Rat, so trägt er dies Sandy, also der Großmeisterin vor. Sie entscheidet dann, wie sie dieses Anliegen handhaben möchte.

In wirklich wichtigen Einzelfällen wird dieser einzelne Hund sogar vor den Rat geladen. Das ist für jedes Lebewesen eine sehr große Ehre und kommt sehr selten vor.

Niemand kann sich selbst einfach so in den Rat »einladen«. Man muss vom Rat geladen werden, sonst kommt die Energie nie in eine passende Schwingung und somit bleibt der Zugang verwehrt.

Das würde ich als eine Art Ausweiskontrolle bezeichnen. Nur wer auf der »richtigen« Schwingung schwingt, hat Zugang zum Rat.

Einzelne Tiere, die von außen eingeladen werden, bekommen sozusagen einen Besucherausweis. Ihre Schwingung wird für die Zeit ihres Aufenthaltes auf das richtige Schwingungslevel angehoben. Sobald die »Einladung« des Rates erledigt ist, sinkt die Schwingung auf das für das Tier (oder den Menschen) optimale Level.

»Den Menschen?«, höre ich den einen oder anderen von euch nun denken.

Ja. Auch wir Menschen haben einen Sitz im »Rat der Tiere«.

Wir haben einen Sprecher, also einen Großmeister und sind gleichberechtigt stimmberechtigt wie jede andere Spezies auch.

Der »Rat der Tiere« funktioniert im übertragenen Sinne, wie das Zusammenspiel der einzelnen Länder auf Erden funktionieren sollte.

Jedes Land hat einen Sprecher, der für »sein« Land und »seine« Bevölkerung spricht. Dieser Sprecher hat immer nur das Wohl »seiner« Bevölkerung und »seines« Landes im Sinn, ohne aber dadurch die Rechte, Gefühle oder Freiheit der anderen Länder einzuschränken oder zu verletzen.

Jeder »Abgeordnete« hat in erster Linie das Ziel, dem Großen und Ganzen zu dienen und dabei die Interessen »seines« Volkes zu vertreten.

Ist das nicht eine wundervolle Vorstellung, ein solches System auch unter den Menschen auf Mutter Erde zu haben? Das wäre gleichbedeutend mit »Weltfrieden«, Harmonie, Glück und Wahrheit für jeden einzelnen Menschen!

Der »Rat der Tiere« findet allerdings, anstatt auf der körperlichen Ebene, auf einer weit wirksameren Ebene statt, der Seelenebene.

Es wäre ja auch etwas umständlich, von jedem Tier auf Erden ein Exemplar regelmäßig oder auch spontan zu einem einzelnen Punkt zu bringen. Wie würde man einen Wal und einen Vogel, einen Eisbär und eine Giraffe zusammenbringen und wo?

Da wir auf der Seelenebene sehr viel beweglicher und freier sind und im Bruchteil einer Sekunde zu jedem beliebigen Ort reisen können, ist es nur logisch, dass der »Rat der Tiere« auf Seelenebene stattfindet.

Der Rat kann zu jeder Zeit einberufen werden.

Es sind nicht immer alle Großmeister anwesend, sondern immer nur diejenigen, die betroffen sind.

Mit der Zeit habe ich immer wieder Einblick in das Wirken und die Struktur des Rates bekommen. Dennoch erfahre ich täglich mehr darüber.

Vielleicht fragt sich nun der eine oder andere, warum und woher ich das alles weiß. Kaum einer hat je zuvor vom »Rat der Tiere« gehört und niemand hat jemals darüber berichtet.

Im Sommer 2010 wurde mir mitgeteilt, ich sei Mitglied im »Rat der Tiere«.

Schön und gut. Damals konnte ich mit dieser Information überhaupt nichts anfangen und ließ das einfach mal so stehen.

Ich bekam immer wieder einen Brocken hingeworfen, den ich dann langsam verdauen und auch verstehen durfte.

Die Tiere erklärten mir immer mehr über den »Rat der Tiere«.

Irgendwann wurde ich stutzig und begann zu fragen, warum ich das alles erfahren sollte?

Der werte »Rat der Tiere« teilte mir daraufhin mit, es sei sehr einfach:

Ich sei Großmeisterin der Menschen im »Rat der Tiere«.

Aber lassen wir den »Rat der Tiere« sprechen.

21. Juni 2010

Wir, der »Rat der Tiere« sagen dir hierzu, Barbara, dass es so wichtig ist, die Kraft und Macht immer nur in Liebe einzusetzen. Wir haben dich schon sehr früh gerufen und du hast uns gehört. Warum denkst du, dass du unwürdig sein könntest? Es gibt keine würdigere Gestalt hier auf Erden als dich. Nimm unseren Dank an und trag ihn wie ein Licht im Herzen.

Danke euch, werter »Rat der Tiere«. Erlaubt mir aber bitte eine Frage. Wer seid ihr und warum erfahre ich erst jetzt von euch?

Gerne darfst du fragen, mit wem du es zu tun hast.
Wir, der »Rat der Tiere«, sind so alt wie Mutter Erde. Immer schon wirken wir zusammen mit Lady Gaia. Die Menschen sprechen nicht über uns, da es nur wenige Menschen gibt, die von uns wissen. Wie Lady Gaia die Darstellung einer Seele ist, so sind wir ein Verbund vieler Seelen. Du könntest sagen, wir sind die Großmeister aller Tierseelen. Jede Art und Gattung hat einen Großmeister. Du magst uns als Sprecher der Tierart oder als Gruppenseele bezeichnen. Wir selbst nennen uns die Großmeis-

24

ter der Tierarten. Es gibt so unendlich viele Tierarten und genauso viele Großmeister gibt es. Wir, die Großmeister haben uns zu einem »Rat der Tiere« zusammengeschlossen. So ist es einfach für dich, mit uns in Kontakt zu treten. Andernfalls würden dir Millionen von Großmeistern auf einmal antworten und dann wärest du sehr schnell raus aus diesem Spiel. Wenn du uns anrufst oder eine Frage an uns richtest, so wirst du immer von dem jeweils Richtigen die Antwort erhalten. So können wir dir Botschaften übermitteln als Sprecher für eine Art oder Gattung, dann spricht der Großmeister zu dir. Wenn es alle Tiere betrifft, so wird ein Sprecher des Rates zu dir sprechen. Wir wissen, dass du ein Zeichen von uns haben möchtest. Das wirst du bekommen. Frag in deiner nächsten Meditation nach diesem Zeichen und fühle sehr genau. Auch wir wissen, dass es so langsam viel wird.

Aber wir werden ein wesentlicher Teil deiner Arbeit sein. Die Tiere sind dein Weg. Das weißt du, das wissen wir und das wissen sogar schon sehr viele Tiere.

Das war die erste Erklärung, die ich bekommen habe.

Damals war das für mich noch alles ganz locker. Ich war ja schließlich »nur« eine Außenstehende, die mit dem »Rat der Tiere« zusammenarbeiten durfte.

22. Juni 2010

Geehrter »Rat der Tiere«, gibt es auch Worte oder Botschaften von euch? Ich bin so erfreut, mehr über euch zu erfahren.

Das ist zu spüren. Du läufst heute Morgen durch den Wald wie ein kleines Kind, das endlich sehen lernt. Die Tiere deines Waldes taten es dir im Übrigen gleich. Jeder wollte einen Blick auf dich erhaschen. Ihr werdet in der kommenden Zeit mehr Erfahrungen miteinander machen. Merkst du denn schon eine Wende?

Ich habe heute mehr Nähe wahrgenommen. Alles schien sich zu ändern. Der kleine Westi hat mich so erstaunt betrachtet, als wäre ich eine Schlange mit drei Köpfen. Das fand ich amüsant.

Er hat dein wahres ICH gesehen und war sehr erstaunt. Gewöhn dich daran, dass die Tiere dich in nächster Zeit erst mal betrachten wie die dreiköpfige Schlange. Ein sehr weises Tier im Übrigen, diese Schlange.

Ach, die gibt es wirklich?

Natürlich. Es gibt so viel mehr, als du dir vorstellen kannst. Du wirst aber schnell lernen, das sagten wir dir gestern schon.

Erinnerst du dich an das Reh, das seinen Kopf vor dir gebeugt hat, als du den Tag deiner Reinigung begannst?

Natürlich. Dieses wunderschöne, sanfte Tier, das mich mit so viel Ruhe und Stolz betrachtet hat und dann ganz langsam seinen Kopf senkte. Wie könnte ich das je vergessen? Es war so wunderschön!

Das war die Großmeisterin der Rehe. Sie persönlich wollte dir als Erstes die Ehre erweisen.

So werden noch viele folgen. Achte auf dein Gefühl und wenn eine sehr große Ruhe dich überkommt, so begegnest du gerade einem Großmeister oder einer Großmeisterin. Ja wir Großmeister sind auch verkörpert. Wenn der von uns gewählte Körper stirbt, so übergeben wir unser Amt an einen gewählten Nachfolger. Es ist also gar nicht so unähnlich eurem System. Gestern dachtest du noch, dass wir Großmeister nur reine Seelen sind. Heute weißt du, dass wir durchaus verkörperte Seelen sind. Wir brauchen die Nähe zu unserer Gattung, zu unserer Rasse. Nur so können wir für all diese Tiere sprechen und handeln.

Ich bin tief gerührt. Ich danke euch für euer Vertrauen und ich freue mich schon sehr und reinen Herzens auf die Begegnung mit noch sehr vielen Tieren.

Wir, die Tiere freuen uns auch auf dich. So lange haben wir dich schon ausgebildet. Dein Amt als Großmeisterin hast du schon viele Leben inne. Führer und Sprecher gibt es viele, aber Großmeister gibt es nur einen.

Aber wie kann ich eine Großmeisterin sein? Ich kann doch nicht für alle Menschen sprechen, noch sie umstimmen, in ihrem furchtbaren Handeln innezuhalten und die Natur und alles Lebendige mehr zu achten? Es liegt weit entfernt meiner Vorstellungskraft, für alle Menschen zu sprechen, so sehr missbillige ich doch deren Taten.

Die Zeit wird kommen. Sehr bald schon wird ein Wandel stattfinden. Deshalb ist es so wichtig, dass wir dich jetzt für diese Zeit ausbilden und du bis zu dem Zeitpunkt des Umbruchs ruhig, gelassen, sicher und rein bist. Deshalb folge dem Ruf deiner Seele Umbanetol (das ist mein Seelenname) und achte heute sehr bewusst auf dich. Sieh diese Zeit als eine Art Trainingscamp an, in dem du lernst, für den Tag X gerüstet zu sein. Du machst das schon. Das wissen wir. So oft schon hast du Gutes getan. Manches Mal bewusst, oft unbewusst und in früheren Verkörperungen sehr gezielt und von uns ausgebildet. Übergib dich ruhig der Führung deiner Seele. Sie weiß, was zu tun ist.

Danke euch, hoher Rat für diese Worte.

Nun war die Katze aus dem Sack!

Ich bin die Großmeisterin der Menschen im »Rat der Tiere«.

So ganz ist mir die Tragweite dieser Tatsache wohl immer noch nicht bewusst und was sie für eine Bedeutung für mich, den Rat und die Menschheit hat. Aber ich bin sehr dankbar, dass ich von dieser Aufgabe erfahren durfte und nun auch hoffentlich im Sinne des Rates handeln kann.

Vielleicht erfahren wir zusammen ja noch mehr über den »Rat der Tiere«, solange ich dieses Buch schreibe. Ich weiß es nicht. Lassen wir uns überraschen.

Und während ich an einem anderen Kapitel arbeite, meldet sich der »Rat der Tiere« zu Wort, um mich mit weiteren Informationen zu versorgen, die ich natürlich sofort in diese Zeilen hier einfüge.

»Rat der Tiere« vom 13. Juni 2011

Werter »Rat der Tiere«, da ich gerade dabei bin, das geforderte Buch zu schreiben, und mich das dringende Bedürfnis treibt, mich hinzusetzen und euch um Worte zu bitten, tue ich dies hiermit.

Sehr gut. Wir sehen, dass du langsam aber sicher immer feiner und sensibler wirst.
Du hörst immer mehr auf deine innere Stimme und dein Bauchgefühl.

Danke.

Du hast uns gerufen, weil wir etwas zu dem Buch beizutragen haben.
Es geht um die Struktur und das Sein des Rates.
So sei nun sehr aufmerksam und schreib die folgenden Worte genau mit.

Das werde ich gerne tun.

Wir, der »Rat der Tiere«, freuen uns sehr, nun endlich selbst der Öffentlichkeit gegenüber zu Wort zu kommen.
Lange haben wir Barbara, die Großmeisterin von euch Menschen, ausgebildet.
Wir Tiere benötigen nicht diese umständlichen Dinge wie Bücher oder E-Mails, um unsere Botschaften in die Welt und an unsere Spezies zu tragen.
Wenn als Beispiel der Großmeister der Vögel eine Botschaft an seine Art hat, so schickt er einfach einen Gedanken an alle seine Artgenossen los und binnen Sekunden sind alle Vögel überall auf Mutter Erde informiert.
Das ist der Zustand, zu dem wir auch euch, liebe Menschen, wieder zurückführen möchten. Ihr seid schon immer sehr eng miteinander verbun-

den, aber es gibt sehr starke Mächte, die diese Verbindung unterbinden, da sie befürchten, dass es unter euch zu friedlich und harmonisch zugehen könnte und sie somit ihre »Spielchen« mit euch nicht mehr durchführen könnten.

Kennt ihr unter uns Tieren so etwas wie Krieg, Neid oder Hass? Nein. Das gibt es alles nicht und alles ist von wenigen eurer Spezies gemacht und in der Welt verbreitet.

Der Ursprung eures Lebens war eine große und friedliche Einheit.

Nichts und niemand konnte euch entzweien. Um euch ein Bild zu geben, funktionierte euer System, genau wie das unsere, wie ein großes Meer.

Jede verkörperte Seele einer Art ist wie ein Wassertropfen im großen und weiten Ozean. Ein Tropfen alleine kann nicht sehr viel bewirken, aber zusammen sind wir unendlich stark.

Wird ein Stein ins Wasser geworfen, so erzeugt er eine Welle, die sich durch das gesamte Wasser fortsetzt. Genauso funktioniert die Informationsübertragung, nur viel schneller. Der Ursprung der Information gleicht dem ins Wasser geworfenen Stein. Er erzeugt eine Welle und schickt sie in Sekundenschnelle durch jeden einzelnen Tropfen des Ozeans.

So erhält jeder Einzelne die gleiche Information in kürzester Zeit und niemand kann die Informationen ändern oder manipulieren.

Hat jemand von euch schon einmal versucht, einen Tropfen Wasser vom anderen einfach so, ohne Apparate oder Einfluss von außen, zu trennen? Richtig, das ist unmöglich.

Wir Tiere bilden immer noch diesen Ozean. Jede Spezies für sich, aber auch alle Tiere und sogar Lebewesen zusammen. Nur ihr Menschen seid aus diesem System herausgefallen.

Nicht ein Einzelner von euch war dafür verantwortlich sondern eine Kraft von außen.

Diese Kraft wurde gesandt, um euch zu entzweien. Aber nicht etwa, um euch zu bestrafen, sondern als Hilfe für das von euch gewählte Ziel, euch zu entwickeln.

Jedem im Universum ist vollkommen klar, dass ein Meer so dicht zusammenhält, dass der einzelne Tropfen sich unmöglich als Individuum herauskristallisieren kann. Wie sollte ein einzelner Tropfen etwas lernen, ohne dass die anderen auch gleich alles darüber wissen würden?

Hast du, Mensch, schon einmal versucht, einen Stein auf nur einen Tropfen Wasser zu werfen, ohne die anderen Tropfen rundherum zu treffen?

Stimmt. Das geht nicht. Also musste etwas her, dass die einzelnen Tropfen trennen würde, damit jeder seinen eigenen Weg gehen konnte.

Das waren und sind in gewisser Weise noch immer die Kräfte von außen.

Sie entstammen ursprünglich einem anderen System und erklärten sich bereit, zu euch Menschen zu kommen, um euch diesen so wertvollen Liebesdienst zu leisten. Mit der Zeit und nach der Trennung der Tropfen voneinander, bildeten sie einzelne Menschen dazu aus, ihre Aufgabe übernehmen zu können. Die Kräfte, die einst von außen in euer System geschleust wurden, sind also nun schon lange Teil eures Systems und von Wesen eurer Spezies ersetzt worden.

Das war alles eine sehr lange Zeit gut, aber nun ist die Zeit gekommen, in der ihr Menschen euch wieder zu einem Ozean vereint.

Bei einigen Menschen ist es schon zu sehen, dass sie viel näher aneinanderrücken und langsam aber sicher wieder lernen, Informationen auf die »alte« und natürliche Art auszutauschen.

Um euch ein kleines Beispiel zu geben.

Voll Freude beobachten wir immer wieder, wie Barbara sich mit anderen Menschen verbindet.

Neulich, als sie wieder, zu ihrem Ursprung zurückkehrend, auf einem Pferd saß, dachte ihre Instruktorin, für euch die Reitlehrerin, sie möge doch bitte die Knie etwas weiter nach außen drehen und ohne nachzudenken handelte Barbara genau so. Ohne Worte.

Das ist genau die Verbindung, die wir meinen. Wir sehen dies bei immer mehr Menschen, die bereit sind, sich zu öffnen und die in eine neue Welt vorangehen.

Die Trennung von euch Menschen vom Ursprung und auch voneinander war ein wichtiger Abschnitt in eurer Entwicklung und die dafür gesandten Wesen haben ihre Aufgabe hervorragend gemeistert, aber nun ist es Zeit, wieder miteinander zu verschmelzen.

Jeder, der diese Zeilen liest, tritt einen Schritt weiter in den Urozean hinein und jeder, der sich willentlich dazu entschließt, wird sehr bald schon wieder ein Teil des großen Ozeans sein.

Seid unbesorgt, eure Individualität wird nicht gänzlich verloren gehen. Ihr habt euch soweit entwickelt und herauskristallisiert, dass ihr immer leuchten werdet.

Versteht ihr nun den Begriff »herauskristallisieren«? Er bedeutet nichts anderes, als sich aus dem Urmeer herauszuheben. Jeder von euch hat sich vor langer, langer Zeit aus dem Ozean herauskristallisiert und hat sich zu einem wunderschönen Diamanten entwickelt. Nun ist es aber wieder an der Zeit, geliebte Menschenkinder, in einen glänzenden und leuchtenden Ozean zurückzusteigen und als ganze Masse zu glänzen. Niemand wird schöner glänzen als der andere, aber alle zusammen werdet ihr eine Freude für jedes Auge sein und heller strahlen und funkeln als alles, was ihr je zuvor erlebt habt.

Soviel zu der Struktur der Menschheit und der anzustrebenden Struktur.

So funktioniert die Informationsübertragung und so wird es auch bei euch bald wieder sein.

Jeder, der sich dazu bereit erklärt, in den Ozean zu steigen, wird strahlend und leuchtend mit Mutter Erde aufsteigen.

Nun aber zu der Struktur des Rates, weswegen wir dich ja gerufen haben, Barbara.

Wir werden dich heute einweihen in die Feinheiten des »Rates der Tiere«.

Du wirst verstehen lernen, wie wir organisiert sind und somit wirst du auch wieder mehr über deine Aufgabe erfahren.

Werter »Rat der Tiere«, ich danke euch, dass ihr mir eine Pause gegönnt habt.

Wir wissen doch, wie sehr die Arbeit in der Dimension der 5 eure noch so fleischlichen Körper anstrengt. Es ist daher sehr wichtig, dass ihr immer wieder Pausen einlegt, um euren Körpern auch die Möglichkeit zu geben, sich zu erholen.

Danke.

Nun kommen wir also zum Kern der Sache, weshalb wir dich heute gerufen haben.

Wir wollen dir etwas mehr über die Struktur, also den Aufbau des Rates erklären.

Wie du ja schon weißt, setzt sich der Rat aus den Großmeistern zusammen. Jede Gattung hat einen Großmeister, der in dieses Amt geboren wurde. Die meisten Großmeister sind, wie auch du, schon seit Urzeiten oder zumindest sehr lange und über viele Leben hinweg im Amt.

Es gibt aber auch hier Ausnahmen.

Es gibt durch die Handlungen der Menschen bestimmte Tierarten, die bisher keinen eigenen Großmeister hatten. So zum Beispiel die Gorillas. Bisher gehörten die Gorillas zum Großmeister der Affen. Da aber die Gorillas durch Menschenhand am, wie ihr es nennt, Aussterben sind, wurde beschlossen, für diese »aussterbenden« Rassen aller Tiergattungen eigene Großmeister zu ernennen.

Da ja dieses Amt bisher nicht besetzt war, müssen diese Großmeister gewählt werden.

Sie werden in einer Zusammenkunft des Rates gewählt.

Eine Wahl geht folgendermaßen vonstatten. Die Großmeister beraten über einen geeigneten Kandidaten. Der Kandidat muss sich über Jahre, wenn nicht sogar über mehrere Leben bewährt haben und kann nur durch ein gutes »Zeugnis« dem Rat vorgeschlagen werden.

Vorschlagen kann entweder ein anderer Großmeister, oder der Großmeister der Affen beruft alle Vertreter der Affenarten zusammen und es wird so nach einem geeigneten Kandidaten gesucht.

Und hier kommt auch schon die nächste Besonderheit. Es gibt also den Großmeister der Affen, so wie es den Großmeister der Hunde, Katzen und so weiter gibt.

Es gibt aber noch eine Untergruppe. Jede Gattung hat nämlich eine eigene Ratsversammlung, die aus den Vertretern der einzelnen Tierrassen oder Arten einer Gattung besteht.

Die Affen haben also einen Großmeister und einen eigenen Rat, der sich zum Beispiel aus den Vertretern der Gorillas, der Schimpansen, der Orang Utans und so weiter zusammensetzt.

Im Fall, wie oben beschrieben, kommt es öfter vor, dass der Vertreter der Gorillas dann auch zum Großmeister der Gorillas gewählt wird. Dazu muss er sich lange bewährt haben, sich der Verantwortung und Aufgabe des Großmeisters bewusst sein und sich dieser Aufgabe als würdig erweisen.

In einem solchen Fall, dass ein neuer Großmeister ernannt wird, geht es um keine geringere Frage als die, ob die Rasse auf der Erde bestehen bleibt, also noch einen »Nutzen« für Mutter Erde hat, oder ob sie sofort oder zu einem späteren Zeitpunkt aufsteigt und somit von Mutter Erde verschwindet. Das ist eine sehr verantwortungsvolle Aufgabe und es bedarf hier sehr weiser Führer.

Wenn entschieden wird, dass diese Rasse oder Gattung noch in der 3. Dimension zu verbleiben hat, so dürfen sich die Tiere weiter fortpflanzen und auch auf die Bemühungen der Menschen, sie zu retten, eingehen.

Sollte entschieden werden, dass diese Tiere bereits aufsteigen dürfen, weil sie dem Planeten und den Seelen in Menschengewand nicht mehr helfen können, dann werden sie in euren Augen aussterben.

Verstehst du die Bedeutung und die schwere Aufgabe dieser Großmeister?

Oh ja, das tue ich.

Dann lassen wir es für heute dabei bewenden.

Binde diese Erklärung noch in dein Buch ein und beende für heute deine Arbeit.

Für die nächste Tierkommunikation wird morgen genügend Zeit bleiben.

Von Herz zu Herz. Der »Rat der Tiere«.

Kapitel 2

Der Sinn dieses Buches scheint wohl zu sein, die Menschen, die es interessiert, darüber aufzuklären, welche Aufgaben unsere Tiere hier auf Erden haben, wie sie uns helfen, wie das System funktioniert, das die Tiere zu uns führt, und wie Tiere Dinge empfinden.

Das ist schon eine ganze Menge an Informationen.

Das Wesen der Tiere

Zuerst möchte ich euch meine Auffassung vom Wesen der Tiere erklären.

Für mich sind Tiere nicht einfach nur ganz normale Lebewesen.

Tiere waren für mich schon immer geistige Führer und Helfer für uns Menschen.

Ich war mir nie im Klaren darüber, ob jedes Tier solch ein besonderes Wesen ist, oder nur manche.

Auch konnte ich auf die Frage, ob die Seele eines Tieres immer in einem Tierkörper bleibt und wenn ja, dann immer im Gleichen, nie befriedigend beantworten. Ich konnte Vermutungen anstellen und diese äußern.

Fragt man zehn Menschen, die mit Tieren arbeiten oder sogar mit ihnen sprechen, so bekommt man mit an Sicherheit grenzender Wahrscheinlichkeit in etwa acht Meinungen.

Meine Meinung war also immer schon, dass Tiere mit Sicherheit etwas ganz Besonderes sind und dass sie hier sind, um uns zu helfen. Hierzu habe ich in den letzten sechs Jahren mehr als genug Beispiele zusammentragen können. Dazu aber etwas später.

Heutzutage bin ich der festen Überzeugung, dass Tiere weit mehr als »nur« auf die Erde gesandte Engel sind. Ich weiß, dass sie viel mehr sind als das.

Es gibt in sehr vielen Religionen und Glaubensrichtungen die Meinung, dass der Mensch eine verkörperte Seele ist, die hier auf der Erde ist, um etwas zu lernen.

Ich erkläre das gerne so.

Jeder Mensch ist eine verkörperte Seele. Das bedeutet, dass die Seele, die in jedem von uns Menschen wohnt, sich vor der Geburt einen Körper erwählt hat und diesen nun als eine Art Fahrzeug »benutzt«.

Der jeweilige Körper wird sehr bewusst ausgesucht und auch die fleischliche Familie, die den neuen Körper umgeben wird, wird bewusst und nach bestimmten Kriterien gesucht.

Die Seele sucht sich eine Lernaufgabe für das Leben aus und sucht quasi nach der passenden Umgebung, um genau das zu lernen.

Hat die Seele die geeignete Familie gefunden, kann sie in diese Familie inkarnieren, also hineingeboren werden. Sie schlüpft in den Körper des heranwachsenden Embryos, um dann alsbald als Baby das Licht der Welt zu erblicken.

Der Körper ist eine Art »Kleidungsstück« der Seele.

Stirbt ein Mensch, so legt er lediglich seine »alte« Kleidung ab, sucht sich etwas Neues zum Anziehen und inkarniert wieder als »neuer« Mensch.

Wir Seelen haben vor langer, langer Zeit beschlossen, eine Art Schule zu besuchen. In dieser »Schule« geht es darum, die unterschiedlichsten Thematiken und Fähigkeiten zu erlernen.

In den ersten Klassen geht es meistens erst einmal darum, »überleben« zu lernen.

Ist das Klassenziel »Überleben«, wäre es doch nur sinnvoll, wenn ich nicht gerade in einem Land wie Deutschland zur Welt komme, wo es Nahrungsmittel und Wasser im Überfluss gibt.

Eher würde ich mir ein Land aussuchen, in dem Wasser und Essen knapp sind und in dem es schwierigere Bedingungen gibt als hier bei uns.

Natürlich kann ich auch in einer hoch zivilisierten Welt lernen zu überleben. Werde ich zum Beispiel in einem Slum in der übelsten Gegend der USA geboren, so habe ich auch hier die Möglichkeit, »überleben« zu lernen. Aber sicherlich auf eine andere Art und Weise als zum Beispiel in Afrika.

Wenn ich das Klassenziel »Überleben« in der ersten Klasse gut gemeistert habe, kann ich in die nächste Klasse wechseln oder freiwillig nochmals die erste Klasse wiederholen.

In jeder weiteren Klasse, also in jedem weiteren Leben, werden die Aufgaben etwas anspruchsvoller, bis es darum geht, seine bewusste Persönlichkeit zu entwickeln oder seinen freien Willen voll zu leben.

Jede Seele sucht sich also die Familie in der für sie richtigen Umgebung aus, die ihr die Lernerfahrungen bietet, die sie zu lernen hat.

Als ich das erste Mal gesagt bekommen habe, ich hätte mir meine Familie selbst ausgesucht, zeigte ich meinem Lebensgefährten Uwe, dem Überbringer dieser Nachricht, den Vogel und überlegte ernsthaft, ob ich einen Lachanfall riskieren oder lieber heulen sollte.

Tief in mir spürte ich sicherlich die Wahrheit hinter diesen Worten, aber wahrhaben wollte ich sie nicht.

Da hätte ich mir doch viel eher eine Familie ausgesucht, in der alles perfekt ist.

In der immer genug von allem da ist, angefangen von Essen und Geld bis hin zur freien Zeit und der Liebe.

Versteh mich jetzt bitte richtig. Ich bin in behüteten Verhältnissen aufgewachsen, litt sicherlich nie Hunger und hatte irgendwie alles, was man zum Leben benötigt.

Aber »perfekt«, wie ich es sah, war es lange nicht.

Mein Vater war bereits 45 Jahre alt, als ich zur Welt gekommen bin, und hat wohl nie so wirklich viel mit mir anfangen können. Er war eigentlich immer bei der Arbeit und ich bekam ihn selten zu sehen. Er wollte immer nur das Beste für mich, aber ein Kind versteht unter »das Beste« nun wirklich etwas anderes als gute Noten und eine sichere, gute und einwandfreie Erziehung. Für mich wäre eine Umarmung, liebe und tröstende Worte so viel mehr gewesen als der Druck, alles gut und richtig zu machen.

Aber das war schon okay so, denn ich habe mir diese Eltern bewusst und gerne ausgesucht.

Heute weiß ich das und bin meinen Eltern ausgesprochen dankbar für alles, was sie für mich getan haben.

Außer vielleicht, dass ich als Kind nie reiten lernen durfte. Da habe ich echt noch ein Problem damit, das zu verzeihen. Aber auch hierfür scheint es Gründe zu geben.

Auch ich habe dann irgendwann erkannt, dass ich mir wirklich meine Eltern und sogar die Zeit und die Umstände herausgesucht habe.

Warum sonst hätte ich mir einen so spektakulären Auftritt gegönnt und wäre aus dem wohl einzigen Spermium entstanden, das noch nicht durch die Bestrahlung des Krebses, an dem mein Vater gelitten hat, abgetötet worden war? Mein Vater hatte Hodenkrebs. Ihm wurde deshalb ein Hoden entfernt und der andere bestrahlt. Er war mit Brief und Siegel unfruchtbar.

Aber wo ein Wille ist, ist auch ein Weg. Und ich fand ihn!

Die erste Begegnung mit dem Leben war demnach schon ein Wunder.

Warum sollte ich dann weniger großartig weitermachen?

Heute weiß ich, warum das so ist – bilde ich mir zumindest ein.

Wie kann eine Großmeisterin denn anders entstehen als durch ein medizinisches Wunder?

Auch ich habe sehr viele Lernerfahrungen benötigt, um heute an dem Punkt zu sein, an dem ich bin. Aber auch das ist nur ein Abschnitt meines Lebens, denn ich entwickle mich ständig, Tag für Tag weiter. Manchmal schleppend, manchmal aber auch rasant.

Aber genug von mir.

Jede Seele sucht sich, Klasse für Klasse, ihre zu machenden Erfahrungen aus. Sie besteht entweder die Prüfung und kommt weiter, bleibt sitzen oder wiederholt freiwillig.

Das ist der normale Lauf des Lebens.

Was aber passiert nach der letzten großen Reifeprüfung?

Ist dann alles aus? Geht das Leben denn dann überhaupt noch weiter? Dann habe ich ja alles gelernt, was es zu lernen gibt, benötige auch keine weitere Schulstunde und somit wird es auch unnötig, in einen weiteren Körper geboren zu werden.

Das waren auch oft meine Gedanken und Ängste, sowohl nach dem Abitur, wo ja schließlich alles Gewohnte aufhört und etwas Neues beginnt, wie auch bei der Überlegung zum Lauf des Lebens.

Manche meiner Klassenkameraden haben sich sicherlich entschlossen, als Lehrer weiterzumachen.

Und genau diese Möglichkeit haben auch die Seelen, die die letzte große Reifeprüfung bestanden haben.

Natürlich sind auch oft die »Schüler der oberen Klassen« da, um den anderen Schülern zu helfen und diese zu lehren.

Aber ein anderer Schüler wird oft nicht als neutral geachtet und geschätzt und somit wird oft sein guter Wille nicht anerkannt.

Es gibt Menschen, die schon sehr »weit« sind und die auch mit ihren Gaben und Talenten dazu da sind, anderen Menschen zu helfen, und dies auch tun.

Aber es ist doch »nur« ein anderer Mensch.

Hat der da vielleicht etwa Hintergedanken? Weiß der wirklich, wovon er spricht? Kann der überhaupt wissen, wie ich mich fühle?

Das sind Gedanken, die einem vielleicht bei einem Menschen, der uns helfen will, kommen könnten.

All das sind aber Dinge, die uns nie einfallen würden, einem Tier zu unterstellen.

Tiere sind ja schließlich keine Menschen.

Sie handeln nicht aus Geldgier oder weil sie dich manipulieren wollen.

Außer Tom, unser Kater, möchte etwas zu fressen, dann ist er ein Meister der Manipulation …

Tiere werden von uns als rein und neutral betrachtet.

Das dürfte einer der Gründe sein, dass sie als Lehrer zu uns zurückkommen.

Viele Menschen trauen den Tieren nicht einmal zu, eigenständig zu denken oder zu handeln.

Sie halten sie für dumm und rein triebgesteuert.

Wer wäre besser geeignet, uns Menschen zu lehren?

Die besten Lehrer sind doch immer die, bei denen man gar nicht merkt, dass man gerade etwas beigebracht bekommt.

Auch darin sind unsere Tiere wahre Meister.

Sie führen und leiten uns, so weit es geht, sanft durchs Leben, spiegeln uns, um uns unsere eigenen Fehler und Unzulänglichkeiten aufzuzeigen und manchmal tragen sie auch etwas für uns.

Wir regen uns oft über unsere Tiere und »deren« Fehler auf, dabei sind es meist unsere eigenen Fehler, die wir in den Tieren wiederfinden. Je mehr wir uns aufregen und je höher wir in die Luft gehen, desto ähnlicher haben die Tiere uns getroffen und uns gespiegelt.

Mir fiel das schon vor einigen Jahren auf, als ich feststellte, dass unser Hund Mona immer total unaufmerksam war und überhaupt nicht gehorcht hat, wenn ich mies drauf war.

Durch ihr Verhalten wurde ich immer noch übellauniger und Mona noch abweisender.

Erst habe ich mich immer »tierisch« darüber aufgeregt, dass Mona sich ausgerechnet immer dann so »blöd« benehmen muss, wenn ich eh schon schlecht drauf war. Dadurch wurde die Lage kein Stück besser und mir ging es ja auch nicht besser.

Dann kam mir immer mehr die Einsicht, dass Mona ja vielleicht nur deshalb so war, weil ich so schlecht gelaunt war. Vielleicht wollte sie mir nur zeigen, wie ich mich selbst gerade benahm. Als mir das bewusst wurde, änderte ich mein Verhalten gegenüber Mona. Ich fing an, sie zu beobachten. Wenn **sie** übel drauf war, hielt ich inne und beobachtete mich. Schnell erkannte ich das Muster dahinter und konnte so meine schlechte Laune soweit in den Griff bekommen, dass ich nicht die ganze Außenwelt damit belästigt habe.

Dann bemerkte ich, dass Mona, jedes Mal wenn Uwe Schmerzen hat, lahm geht.

Konnte das auch mit der Tatsache zusammenhängen, dass Mona mich oder nun vielmehr uns spiegelt?

Ich konnte Uwe relativ genau sagen, wo er Schmerzen hat, wenn ich nur Mona beobachtete.

Sei es der Rücken, die Hüfte oder ein Bein. Mona zeigte es mir und nahm Uwe somit ein Stück seiner Schmerzen ab.

Mona hat mich also gelehrt, dass unsere Tiere uns sowohl spiegeln, als auch unsere Krankheiten lindern oder sogar übernehmen können, indem sie die Krankheit oder den Schmerz auf sich nehmen.

Das bringt mich nun auf den nächsten Punkt, der mir anfänglich als der wichtigste und bedeutendste Teil des Buches erschien.

Aber vielleicht sollte ich mich doch noch irren.

Zum Thema Aufgaben und Bewusstsein der Tiere hat mir Filou, ein Irischer Wolfshund etwas erklärt. Er war zu diesem Zeitpunkt schon ziemlich krank.

Wenn die Ruhe hier im Hause sich nun als gefestigt erweist, dann darf ich gehen.

Und freust du dich darauf?

Ja, schon irgendwie. Weißt du, das Leben in einem solch großen und schweren Körper kann derweil beschwerlich sein. Ich war gerne hier in der Familie und ich habe meine Aufgabe auch sehr gerne erfüllt. Zumal ich nun deutlich den Erfolg meiner Mission überprüfen darf. Das gibt mir sehr viel Bestätigung und Kraft. Und wenn ich sehe, dass ich gut gearbeitet habe, dann kann ich voll Freude und mit Frieden in meinem Herzen nach Hause gehen. Dann kann ich in die unendliche Liebe und das warme und immerzu freundliche Licht heimkehren. Natürlich freue ich mich da. Jedes Lebewesen, das sein Bewusstsein erhalten konnte, wird sich immer freuen, wenn es Kontakt zu seiner Heimat bekommt und wenn die Aussichten, dorthin zurückzukehren, wachsen, dann wächst auch die Freude im Herzen.

Das ist wunderschön gesagt.

Darf ich dich persönlich auch etwas fragen?

Nur zu. Ich verspüre gerade eine enorme Freude in mir heranwachsen und ich bin gerne bereit, auch deine Neugierde zu stillen.

Dann gestatte mir die Frage, ob ihr Tiere alle euer Bewusstsein erhalten konntet, wie du dich ausgedrückt hast?

Die einen mehr, die anderen weniger. Es kommt immer drauf an, welche Aufgabe wir haben und welches Bewusstsein dazu vonnöten ist. Prinzipiell haben wir Tiere aber sozusagen eine direkte Fluchtmöglichkeit zu unserem Bewusstsein. Diese »Tür« kann jederzeit aufgestoßen werden und anders als bei euch Menschen ist dann sofort das ganze Wissen da. Wir wissen dann sofort wieder, wer wir sind und vor allem was wir sind. Wir bekommen dann direkten und schnellen Zugang zu dem universellen Wissen und auch zu dem Wissen über unsere Aufgabe.

Natürlich gibt es auch genug unbewusste Tiere und das ist auch gut so. Viele Aufgaben ließen sich mit einem aktivierten Bewusstsein nicht regeln.

Ich danke dir für diese Worte.

Gerne. Das bereitet mir sehr große Freude, auch dir helfen zu können, da du mir ja auch einen solch großen Schritt und einen solch wundervollen Einblick vermittelt hast.

Gerne geschehen. Das ist nun mal meine Aufgabe.

Aufgaben der Tiere

Zunächst möchte ich zu den Aufgaben kommen, die unsere Tiere bei uns haben.

Viele Tiere sind hier auf Erden, um uns Menschen zu unterstützen, uns zu lehren, uns sicher auf unseren Weg zu führen oder einfach, um uns Schmerz und Kummer abzunehmen, wie ich am Beispiel von Mona ja bereits angeschnitten habe.

Zum besseren Verständnis möchte ich diesen Abschnitt des Buches mit einem Beispiel beginnen, das für mich besonders eindrucksvoll war und mich einen großen Schritt in meiner damals recht frischen Idee, die Tiere würden sogar Krankheiten für uns tragen, unterstützt und bestätigt hat.

Als ich Anfang 2010 auf einem Kongress war, erzählte mir eine der Teilnehmerinnen die Geschichte ihrer Katze.

Als sie damals ihren Mann kennengelernt hat, brachte dieser eine Katze mit in die Beziehung, die sie sehr schnell lieb gewonnen hat.

Bei ihrem Mann wurde schon vor längerer Zeit Diabetes, also im Volksmund Zucker, diagnostiziert. Er war gut eingestellt und spritzte Insulin.

Als die Frau dann schwanger war, wurde etwa in der Mitte der Schwangerschaft festgestellt, dass auch die Katze Diabetes hat. Auch sie wurde gespritzt und kam damit ebenfalls gut zurecht.

Das Kind, ein kleiner Junge, kam zur Welt und alles verlief gut. Der Junge war gesund und alle waren glücklich.

Als der Junge dann etwa ein halbes Jahr alt war, ging an einem Wochenende das Insulin für die Katze aus.

Da es dem Kind auch nicht besonders gut ging, entschied die Besitzerin und Mutter sich dafür, das Insulin für die Katze gleich am Montagmorgen zu holen, weil sie sich um ihr kränkelndes Kind kümmern musste. Die Katze blieb also 1 ½ Tage ohne Insulin.

Als die Besitzerin dann am Montagmorgen mit der Katze beim Tierarzt war, ging es der Katze so schlecht, dass sie an den Folgen des zu hohen Blutzuckers vom Wochenende gestorben ist.

Als ich mir diese Geschichte angehört hatte, bekam ich ganz klar die Botschaft von der Katze, dass sie die Diabetes für das Kind übernommen hatte.

Der kleine Junge wäre also, hätte sich die Katze nicht bereit erklärt die Zuckerkrankheit für ihn zu tragen, mit eben dieser Krankheit auf die Welt gekommen. Die Katze ist für ihn gestorben, damit er

44

ein unbeschwertes Leben führen kann. Der Junge ist immer noch frei von Zucker.

Einige mögen sich jetzt fragen, warum ein Tier so etwas macht.

Die ganz klare Antwort ist: Tiere haben ihre Aufgaben hier auf Erden, wissen meist, was auf sie zukommt, und erfüllen diese Aufgabe mit Freude, denn nur dafür sind sie hier.

Bevor ich nun erkläre, wie die Tiere zu ihren Aufgaben und auch zu ihren Menschen kommen, möchte ich noch einige weitere Beispiele anführen.

Dieses Beispiel erfuhr ich, als ich einer Bekannten half, ihre verschwundene Katze zu suchen.

Der kleine Kater war ein Wohnungskater, der ab und zu zum Gras fressen mit vors Haus durfte. Eines Tages beschloss er, die Gegend um das Haus doch etwas genauer zu erkunden und verschwand für einige Zeit.

So wurde ich dazu geholt, um bei der Suche zu helfen.

Als wir eine Suchpause eingelegt hatten und bei einem Kaffee auf der Terrasse saßen, erzählte mir die Besitzerin die Geschichte ihrer zweiten Katze.

Sie selbst hatte durch eine Scheidung enormen psychischen Stress erlitten und war oft mit ihrem Leben als alleinerziehende Mutter überfordert. Sie musste umziehen, das Kind versorgen und für den Lebensunterhalt arbeiten gehen.

Die ältere der beiden Katzen, die schon lange Zeit bei ihr war, hatte eine sehr enge Verbindung zu ihr. Sie schlief bei ihr im Bett an ihrer Seite und tröstete sie, wenn es ihr mal wieder richtig schlecht ging.

Als der Stress für die Frau fast untragbar wurde, bekam zu allem Überfluss diese Kätzin auch noch ein Lipom.

Es saß auf der linken Seite, der Seite der Gefühle am hinteren Brustkorb.

Ein Lipom ist eine gutartige Fettgewebsgeschwulst aus vergrößerten Fettgewebszellen.

Fett dient dem Körper als Speicher. Die Fettzellen sind bei dieser Katze entartet, weil sie für ihre Besitzerin dort Kummer gespeichert hat. Ein Lipom ist meist ungefährlich und wird oft ohne Operation so belassen wie es ist.

Der Tierarzt empfahl der Besitzerin deshalb auch, einfach mal zu beobachten und abzuwarten. Sollte das Geschwulst zu einem Problem werden, müsse man es doch herausschneiden.

Da sich die Besitzerin schon viel mit spirituellen Themen und auch mit der Tierkommunikation beschäftigt hatte, griff sie nach einem Buch, das sie vor einiger Zeit bekommen hatte.

Es handelte von einer Tierkommunikatorin und Heilerin und deren Erfahrung mit Katzen.

Die Autorin beschrieb unter anderem, dass Tiere immer wieder etwas für ihre Besitzer tragen würden. Sie beschrieb, wie man das Tier davon lossprechen könne. Das tat die Besitzerin der Katze nun auch. Sie übernahm die Verantwortung für ihren Kummer und sprach ihre Katze gleichzeitig davon los. Da das alleine nur selten ausreicht, arbeitete sie selbst an ihrem Kummer und fand für sich eine Lösung.

Innerhalb kurzer Zeit war das Lipom der Katze verschwunden

Dieses Beispiel beschreibt schon sehr genau den Grund, weshalb es mir schon vor langer Zeit sehr wichtig geworden ist, die Menschen darauf aufmerksam zu machen, was ihre Tiere bereit sind, für sie zu tun.

Ich finde, wir sollten die Bemühungen und die Bereitschaft unserer Tiere, für uns bis in den Tod zu gehen, endlich anerkennen und achten!

Ich könnte hier und jetzt noch viele weitere Beispiele anführen, aber dazu ist dieses Buch nicht da. Ich weiß zwar noch nicht warum, aber ich weiß sicher, dass das so ist.

Wer weiß, vielleicht wird es ein Buch nur mit Beispielen geben?

Aber nun zurück zum Thema.

Wie werden diese Aufgaben verteilt und wie kommen die Tiere zu diesen Aufgaben?

Anfangs dachte ich, die Tiere würden einfach die Aufgaben übernehmen, die in der entsprechenden Familie so anfallen.

Als Beispiel also wieder Mona. Ich dachte der »Zufall« hätte Mona und mich damals zusammengeführt und Mona würde nun also die Aufgabe übernehmen, mich zu spiegeln.

Dabei gab es schon immer nur ein bedeutendes Problem: Ich glaube schon seit langem nicht mehr an Zufälle.

Das Wort »Zufall« benutze ich nur noch in Anführungszeichen oder als Zu-Fall(en).

Zufälle gibt es nicht, da bin ich mir völlig sicher.

Alles was passiert hat einen Sinn, auch wenn der sich manchmal erst nach Jahren oder sogar nie erschließt.

Wie also konnte Mona durch »Zufall« zu mir gekommen sein?

Also gut, kein Zufall!

War es denn dann geplant, dass Mona ausgerechnet zu mir kam?

Und wenn es geplant war, konnte es dann nicht auch geplant sein, dass sie ausgerechnet diese Aufgaben »zugeteilt« bekam?

All das waren für mich immer hochinteressante Fragen, auf die ich, meiner Meinung nach, wohl nie eine Antwort bekommen würde.

Aber auch hier sollte ich mich – zum Glück – wieder einmal täuschen.

Das erste Mal habe ich von der sogenannten »kosmischen Stellenausschreibung« Ende März 2011 bei einem Gespräch mit einem kürzlich verstorbenen Hund gehört.

In diesem Gespräch wird außerdem nochmals das Thema Aufgaben und Krankheiten der Tiere erklärt. Da dieses Gespräch so viele wichtige Themen enthält, möchte ich zuerst einmal die wichtigsten Teile wiedergeben.

Wie geht es dir jetzt, da wo du bist?

Es geht mir sehr gut, aber ich sehe dennoch den tiefen Schmerz, der in meinem Menschen wohnt, und die tiefe Verzweiflung. Das tut mir so leid, aber ich musste einfach gehen. Es war Zeit für mich.

Kannst du mir mehr dazu sagen? Warum war es Zeit für dich? Hat das etwas mit deiner Menschenfamilie zu tun?

Es hat immer etwas mit den Menschen zu tun, bei denen wir leben. Das solltest du eigentlich wissen.

Ja das weiß ich. Kannst du es dennoch bitte näher erklären?

Das kann ich. Dazu muss ich aber etwas ausholen.

Nur zu. Ich lausche dir sehr gespannt.

Also es ist so, dass ich sehr gerne bei dieser Familie war und dass es mir dort sehr gut gegangen ist.

Das freut mich sehr.

Mich auch. Es sollte auch so sein, dass ich genau zu diesen Menschen gekommen bin.
[…]

Schön.
Aber warum bist du denn nun gegangen?

Weil ich musste.

Und warum?

Weil [ein Familienmitglied] sehr krank war. Er wusste es nicht, aber deshalb bin ich in diese Familie gekommen. Ich habe die Zeit sehr genossen und sie war schön.
Und ich bin auch nur zu diesem Zweck dorthin gerufen worden.

Wer genau hat dich dorthin gerufen?

Es wurde sozusagen eine »kosmische Stellenausschreibung« getätigt und gefragt, welcher Hund dazu bereit wäre, in diese Familie zu gehen und diese Aufgabe zu übernehmen.
Ich war bereit und ich habe es sehr gerne gemacht.

Und kannst du mir sagen, um welche Krankheit es sich gehandelt hat?

Nein. Das werde ich nicht sagen. Ich bin dorthin gerufen worden, um diese Krankheit zu übernehmen und sie »mitzunehmen«. Das habe ich getan.
Als ich lange genug dort war, um mich an die Schwingung dieser Krankheit anzupassen, und sie langsam aber sicher in mich aufnehmen konnte, war es Zeit zu gehen.
Als ich die Krankheit völlig aus ihm lösen konnte und sie ganz in mir hatte, war es Zeit.

Und hat er etwas gemerkt von dieser Krankheit oder wie du sie übernommen hast?

Ich weiß es nicht. Er schien mir schon manchmal sehr nachdenklich, aber ich bin mir fast sicher, dass er nichts von dieser Krankheit wusste.

Und warum ist es jetzt so wichtig, dass die Krankheit nicht namentlich erwähnt wird?

Das weißt du sehr gut, aber du fragst für meine Menschen, nicht wahr?

Ja so ist es.

Also dann erkläre ich es gerne.

Sobald man einer Krankheit oder einer Sache einen Namen gibt, bekommt sie Kraft und kann sich manifestieren und weiter reifen. Ich wurde gerufen, um diese Krankheit zu entfernen, und genau das habe ich auch getan. Ich durfte sogar selbst entscheiden, wie lange ich bleiben würde, aber dazu später.

Ich habe diese Krankheit also entfernt und sie übernommen. Wenn ich jetzt preisgeben würde, um welche Krankheit es sich gehandelt hat, dann würden vielleicht Untersuchungen in diese Richtung angestrengt werden. Auf alle Fälle wäre Angst da, dass sie wieder kommen könnte, und somit wären meine Arbeit und natürlich auch mein Tod umsonst gewesen. Denn wo die Angst ist, da geht die ganze Energie hin. Und wenn man jetzt sehr viel Energie auf diese Krankheit lenken würde, dann hätte sie eine Chance wiederzukommen. Und das wäre ja wohl nur unsinnig.

Alles klar.

Und wie war das nun mit dem Zeitpunkt?

Also, mir wurde überlassen, wann ich gehen will. Die Bedingung bei diesem Auftrag war nur die, dass ich diese Krankheit entfernen sollte und mehr nicht. Es stand mir frei, letzten Endes an dieser Krankheit zu sterben oder gleich zu gehen, wenn ich sie übernommen hätte.

Und da die Zeit gerade sehr schnell läuft und ich diesem wundervollen Menschen den Schmerz einer langen, qualvollen Zeit ersparen wollte, bin ich gleich gegangen. Außerdem hatte ich etwas Bedenken, ob ich es schaffen würde, die Krankheit ganz bei mir zu halten. Ich hatte Bedenken, ob sie vielleicht wieder zurück wandern würde. So habe ich mich entschieden, zu gehen, wenn es am schönsten ist. Es war ein sehr kurzer und schmerzloser Tod für mich.

Es war gleich alles bereit und ich wurde direkt ins Licht geholt. Somit ist diese Krankheit ein für alle Mal ausgelöscht und meine Menschen haben die Chance auf einen neuen Hund.

So können sie ihre Liebe nun bedingungslos weitergeben an einen Hund, der sie benötigt.

Das würde also die Frage beantworten, ob die Familie keinen Hund mehr haben soll oder keinen mehr braucht.

Das beantwortet die Frage nur halb.

Zum Thema »brauchen« kann ich nur sagen, dass sie nun wirklich keinen Hund mehr braucht.

Ich würde aber meinen, dass es dort draußen in der Welt genug Hunde gibt, die sie brauchen.

Aber diese Familie »braucht« keinen Hund. Es steht derzeit keine weitere »Stellenausschreibung« aus.

Die Frage, ob diese Familie einen Hund haben sollte oder nicht, kann nur diese Familie selbst beantworten.

Einer meiner Gründe allerdings, so früh zu gehen, war eindeutig der, dass nun noch ein anderer Hund die Chance bekommen sollte, lange bei dieser Familie zu leben und glücklich alt zu werden.

Das ist sehr nett von dir.

Müssen sich deine Menschen denn irgendwelche Vorwürfe oder so etwas machen?

Nein warum denn?

Es war so geplant und es wäre sowieso so und nicht anders gekommen.

Es war unvermeidlich. Die einzige bewegliche Variante in dieser Gleichung war das WER. Alles stand fest, nur war es die Frage wer kommen würde. Und es war nun mal ich.

Ich habe diese Aufgabe so gerne gemacht, da dies eine so liebevolle und wunderschöne Familie ist.

Es ist mir so gut ergangen dort, dass ich für niemand anderen lieber gestorben wäre. Das ist die Wahrheit und deshalb bin ich auch so dankbar, dass mich meine Aufgabe zu einer solch tollen Familie geführt hat.

Und ist es sicher, dass diese Krankheit weg ist und weg bleibt?

Ja das ist es. Es ist deshalb natürlich trotzdem nicht gesagt, dass keine andere Krankheit kommen kann, aber diese eine wird nicht wieder kommen.

[...]

Aber lass dir gesagt sein, dass es sehr oft vorkommt, dass wir Tiere das für euch Menschen tun. Es war also gar nicht so etwas Besonderes.

Besonders war nur, dass ich extra wegen dieser Aufgabe dorthin gerufen wurde.

Aber mehr kann ich nicht sagen.

Dann danke ich dir für diese ausführliche Information.

Dieser wundervolle junge Hund erklärt also nicht nur, warum er zu dieser Familie gekommen ist und was seine Aufgabe war, sondern auch, wie er dorthin gekommen ist.

Alleine die Aufgabe dieses Hundes wäre schon ein ganzes Kapitel wert!

Er wurde einzig und alleine in diese Familie gerufen, um einem Menschen das Leben zu retten, und eine schlimme Krankheit zu übernehmen und er durfte sich den Zeitpunkt seines Todes selbst aussuchen.

Allein deshalb habe ich schon größte Hochachtung vor diesem Hund.

Außerdem erklärt er mir zum ersten Mal, dass Tiere von einer höheren Stelle zu einer Aufgabe gerufen werden.

Der Beweis war für mich also erbracht, dass es sich nicht um einen Zufall handeln kann, sondern dass es absolute Bestimmung ist, welches Tier zu welchen Menschen kommt.

Das alles klang für mich dennoch anfangs sehr sonderbar, aber schließlich wurde ich von diesen Tieren ausgesucht, um ihre Botschaften zu übermitteln.

Die folgende Passage stammt auch aus diesem Gespräch und zeigt sehr schön, wie seltsam das Ganze am Anfang für mich klang.

Ich hoffe auch sehr, dass deine Menschen verstehen, was du sagst. Es kommt mir selbst fast unglaublich vor, dass ich nur hoffen kann, dass es Menschen erreicht, die diese Botschaft von dir verstehen.

Zweifelst du daran?

Ich würde vielleicht zweifeln, wenn mir jemand eine solche Botschaft übermitteln würde…

Weil es so unglaubwürdig klingt?
Sei versichert, dass es die richtigen Menschen erreicht.
Du kannst dich ruhig daran gewöhnen, dass zukünftig immer mehr solche Dinge auf dich zukommen.
Nur wenige deiner Kollegen haben so absolutes Vertrauen in sich und in die geistige Welt, dass sie eine solche Botschaft übermitteln könnten oder würden.
Es gibt genug, die diese Botschaft einfach nicht weitergeben würden, aus Angst, sie könnten sich blamieren oder nicht verstanden werden und als verrückt gelten. Du aber vertraust darauf, dass die richtige Botschaft die richtigen Menschen erreicht und deshalb werden dich immer mehr Tiere und Menschen finden, die solch delikate Botschaften zu vermitteln haben.
Ich danke dir jetzt schon mal dafür in meinem Namen und im Namen aller.
Dazu bist du berufen.

Ich danke dir und der geistigen Welt von Herzen für dieses Vertrauen.

Wir danken dir.

Wie hier deutlich zu sehen ist, bin ich mir durchaus manchmal auch noch etwas unsicher, habe aber gelernt, die Dinge so weiterzugeben, wie ich sie übermittelt bekomme.

Kosmische Stellenausschreibung – Koordinationsstelle

Dieser junge Hund hat mir also zum ersten Mal etwas über die sogenannte »kosmische Stellenausschreibung« erzählt.

Das ergab ja schon einen Sinn, aber deutlicher wurde es mir erst, als ich in weiteren Gesprächen mehr über dieses Thema erfahren durfte.

Blümchen, eine kleine Kaninchendame, die gelähmt war und bei der es um die Entscheidung ging, wie es weitergehen solle, hat mir am 2. Juni 2011 Folgendes erklärt:

_____

Und steht mir das überhaupt zu?

Warum sollte es dir denn nicht zustehen?

Weil unser aller Schicksal von einer höheren Stelle geregelt ist.

Meinst du denn nicht, dass du dein Schicksal selbst in der Hand hast?

Zum Teil ja. Aber du solltest wissen, dass es bei uns Tieren anders ist als bei euch Menschen.

Ihr Menschen seid absolut selbstbestimmt, wir Tiere sind das aus mehreren Gründen nicht. Der für euch Menschen am einfachsten nachvollziehbare Grund ist der, dass wir meist in Menschenhand leben. Somit bestimmen die Menschen über den größten Teil unseres Lebens. Das ist das Eine.

Der andere Grund ist, dass wir Tiere, und zwar alle, also auch jedes Wildtier auf Erden, von einer höheren Stelle koordiniert werden.

54

Was bedeutet koordiniert?

Das bedeutet, dass es eine Art Planstelle gibt, die die Tiere zu den passenden Plätzen verweist und ihnen sagt, wo sie sinnvoll wirken können. Diese Stelle arrangiert dann auch die Treffen und die Zusammenführung von den Menschen und dem entsprechenden Tier. Aber nur wenn das Tier seine Einverständniserklärung gegeben hat. Dann wird alles in die Wege geleitet. Das entsprechende Tier ist zu diesem Zeitpunkt schon über seine Aufgabe und seinen Lebensplan informiert.

Okay. Ihr Tiere wisst also, was in der ausgesuchten Familie auf euch zukommt und kennt auch grob euren Lebensplan, stimmt das so?

Ja das stimmt so. Nur dass nicht alle Tiere wissen, was auf sie zukommt. Einige wissen es nur ganz grob, manche wiederum sehr genau, andere wissen gar nichts. Manche wissen einfach nur, dass in der Familie X jemand benötigt wird, die Aufgabe aber nicht bekannt gegeben wird. Sie fühlen dann in sich hinein und entscheiden aus dem Bauch heraus, ob sie für diese Aufgabe geeignet sind oder nicht.

———————

Das nächste Tier in der Reihe derer, die mir von der Koordinationsstelle berichtet haben und das es auch am deutlichsten erklärt hat, war Thyson.

Thyson hat mir sehr viel über das Thema Tod und Sterben erklärt, aber auch über die Zeit allgemein und viele kosmische Zusammenhänge.

Hier kommt nun der Ausschnitt, in dem er mir mehr zum Thema Koordinationsstelle erklärt.

Um den Zusammenhang zu verstehen, sollte ich kurz erklären, dass es zuvor ums Sterben ging.

———————

Kannst du mir denn sagen, wen du gebeten hast, dich zu erlösen? Deine Menschen wohl eher nicht, oder?

Nein, wie könnte ich denn? Nicht jedes Tier hat das Glück, mit einem kommunikationsfähigen Menschen zusammenzuleben. Ich bat also die höheren Mächte und somit in gewisser Weise auch den »Rat der Tiere«. Weißt du, es ist alles etwas kompliziert, wie alles zusammenhängt.

Wenn ein Tier sich an die höheren Mächte, auch genannt die höhere Stelle, oder ähnliches wendet, dann ist das eine Bitte an all diejenigen, die etwas ändern können. Die höhere Stelle ist zum Beispiel der »Rat der Tiere« oder auch die Engel oder einfach die Koordinationsstelle.

Kannst du bitte den Begriff Koordinationsstelle erklären?

Das ist die Stelle, wo alle Entscheidungen über unser Sein getroffen werden. Hier wird entschieden, welches Tier welche Aufgabe übernehmen könnte, das Tier wird gefragt oder gebeten, an die passende Stelle zu gehen, und ein Treffen mit den jeweiligen Menschen wird arrangiert. Die Koordinationsstelle ist eine Art Vermittlungsagentur oder so. Wenn es nötig oder gewünscht ist, dass ein Tier zu einem oder mehreren Menschen geht, dann wird hier geschaut, wer passen könnte, oder die »Stelle« wird einfach ausgeschrieben. Jedes »verfügbare« Tier kann sich freiwillig melden oder es wird kontaktiert und gebeten, diese Aufgabe zu übernehmen. Oft sind es einfach Vorschläge, manchmal auch Bitten oder auch nur Ideen. Entschieden wird immer gemeinsam. Nur ihr Menschen wisst davon nichts.

Es ist ja durchaus kein Zufall, dass wir Tiere bei euch Menschen sind. Wir haben Aufgaben und Berufungen und sind auf Erden, um euch zu helfen. Hättet ihr bis zum jetzigen Zeitpunkt davon gewusst, wäre unser Wirken unmöglich gewesen. Ihr wäret befangen und nicht mehr frei gewesen. Nur um dies richtigzustellen: Wir Tiere sind nicht hier, um euren freien Willen zu beeinflussen. Wir sind vielmehr hier, um euch manchmal in die richtige Richtung zu lenken, euch aufzufangen oder euch einfach nur zu stützen. Wir sind eine Art Engel im Tierkörper.

Wow, danke dir für diese Ausführung.

Gerne. Es ist nun an der Zeit, dass ihr Menschen viel mehr darüber erfahrt.

Das war also Thysons ergänzende Erklärung dazu, wie Tiere zu ihren Menschen kommen.

Das Gespräch mit Thyson fand am 3. Juni 2011 statt, einen Tag nachdem Blümchen mich wieder an die Thematik mit der Koordinationsstelle erinnert und mir ihr Wissen dazu vermittelt hatte.

Wenn es also an der Zeit ist, ein Thema auf den Tisch zu bringen, dann passiert das innerhalb kürzester Zeit.

Es melden sich genau die Tiere bei mir, die mir mehr zu diesem Thema erklären wollen, und das manchmal auf so dramatische Art und Weise, dass ich keine andere Wahl habe, als mit ihnen zu sprechen.

Aber lassen wir hierzu nochmals Blümchen zu Wort kommen:

Ich danke dir zuerst einmal für dein Vertrauen.

Warum denn?

Weil du mir einen so tiefen Einblick in das Regelwerk und den Ablauf eurer Leben gegeben hast. Das ist sehr wertvoll für mich.

Das habe ich zum einen gerne gemacht und zum anderen sind wir Tiere instruiert worden, dir jetzt sehr viele Informationen zukommen zu lassen. Du hast die Anweisung mit dem Buch bekommen. Alles wurde dafür vorbereitet. Du bist endlich ins Vertrauen gegangen und dadurch ist alles in den Fluss gekommen. Du wurdest in die Öffentlichkeit gerückt und hast dadurch sehr viele Aufträge. Das heißt, dass du mit sehr vielen Tieren sprechen wirst. Und jedes dieser Tiere wird dir etwas erzählen, das du in deinem Buch verwenden kannst und wirst.

Ich danke dir.

Wofür denn nun schon wieder?

Dass du mir auch das erzählt hast.

Das ist ja nun wirklich kein Geheimnis.

Nein? Ich wusste es aber bislang noch nicht.

Es war ja auch noch nicht Zeit, das zu wissen. Jetzt ist es Zeit.

Gut. Danke. Sagst du mir, wer euch instruiert hat?

Der »Rat der Tiere« natürlich. Wusstest du das nicht?

Nein.

Alles wurde also für dieses Buch gelenkt und mir so, wie es richtig und an der Zeit war, zugeführt.

Wir wissen also nun, wie die Tiere zu uns kommen, dass sie eine bestimmte Aufgabe haben und dass nicht alle Tiere notgedrungen von ihrer Aufgabe wissen.

Verantwortung

Aber eines scheinen alle Tiere mit Gewissheit zu wissen: Sie haben die Verantwortung für uns, ihre Schützlinge, die Menschen.

Die Tiere die Verantwortung für die Menschen?

Lassen wir Muffin, eine junge Cocker Spaniel Dame, das erklären:

Soll ich dir, Barbara, noch etwas für dein Buch erzählen? Etwas über die Verantwortung?

Klar doch. Gerne. Ich freue mich über jede Seite, die geschrieben ist, und über jedes interessante Thema.

Dann werde ich dir nun also etwas über Verantwortung erklären.

Ich möchte, dass du das für meinen Menschen in ihrem Text stehen lässt, denn vielleicht hilft es ihr auch.

Gerne.

Wenn es um das Thema Mensch, Tier und Verantwortung geht, dann denken immer alle sofort: »Klar, der Mensch hat die Verantwortung für sein Tier. Würde der Mensch das Tier nicht füttern, so würde es verhungern.«

Aber hat ein einziger Mensch, der so denkt, eigentlich einmal drangedacht, was für eine enorme Verantwortung wir Tiere für euch Menschen haben?

So weit denkt niemand.

Bei einem Pferd sieht die Sache wieder etwas anders aus. Da ist es klar, dass das Pferd eine gewisse Verantwortung für seinen Reiter trägt. Denn ein Pferd ist groß und könnte einen Menschen leicht umbringen. Aber daran denke ich gar nicht.

Wir Tiere kommen zu euch Menschen, um eine Aufgabe zu erfüllen.

Alleine durch unseren Auftrag haben wir doch schon eine gewisse Verantwortung mitbekommen.

Das ist nun in etwa so, wie wenn dir jemand sagt, du mögest in den Keller gehen und Sprudel holen. Dann hast du eine Aufgabe bekommen und bist dafür verantwortlich, diese Aufgabe bestmöglich zu erfüllen. Das ist auch eine gewisse Verantwortung. Aber auch das meine ich nur bedingt.

Wenn ich als Hund die Aufgabe habe, meinen Menschen »über Wasser« zu halten, dann ist das eine sehr große Verantwortung.

Wenn ich als Pferd die Aufgabe habe, meinen Menschen in seine Mitte und zur Ruhe zu bringen, oder wenn ich als Katze die Aufgabe habe, meinen Menschen ins Fühlen zu bringen, dann sind das schon sehr große Verantwortungen.

Verstehst du, wie ich das mit der Verantwortung meine?

Das verstehe ich schon, ja.

Und wo bleibt das »Aber«, das in deiner Stimme mitschwingt?

Ich frage mich lediglich, ob das schon alles ist?

Mann, Barbara, du bist in den letzten Tagen ganz schön verwöhnt worden mit der Qualität der Botschaften, habe ich Recht?

Ja, da hast du wohl Recht.

Meinst du denn nicht, dass meine Ausführung zum Thema Verantwortung genug ist?

Wenn es dazu nicht mehr zu sagen gibt, dann ist es genug. Natürlich.

Das ist aber sehr gnädig von dir.
Ich muss dir auch sagen, dass es dazu jetzt fürs erste einmal genug ist.
Du wirst im Laufe der Zeit noch weit mehr zum Thema Verantwortung erfahren, aber ich soll dich nur drauf hinweisen, dass wir Tiere weit mehr Verantwortung für euch Menschen tragen, als ihr Menschen für uns Tiere.
Es ist sehr wichtig, dass du das in dieses Buch mit hinein bringst.
Der Rest kann dann in eines der folgenden Bücher kommen.

Du machst mir echt schon wieder Mut. Kannst du mir denn verraten, ob ich für die nächsten Bücher mehr Zeit bekommen werde?

Teilweise wirst du das.

Na, das beruhigt.

Ich bekomme von Muffin also nicht nur eine Einführung in das Thema »Verantwortung«, sondern auch gleich noch die Bestätigung über den Auftrag für weitere Bücher.
Ich gestehe: Das Wort **Bücher** hat mich doch erst einmal wirklich schockiert.
Aber in der Zwischenzeit freue ich mich darauf, da mir das Schreiben jetzt wirklich Spaß macht.

Ein Beispiel dazu, warum mir das Schreiben solchen Spaß macht, ist das Folgende.

Leben danach

Eine wunderschöne Aufgabe hat mir Bonny vermittelt.
Sie ist so schön, dass ich sie gleich hier wiedergeben möchte.

Ich meine, dass es für mich nicht wichtig ist, dir Bilder aus meinem Leben zu zeigen.

Meine Menschen erkennen mich auch so. Sie können recht gut in ihr Herz sehen und es wäre schön, wenn sie das immer öfter und intensiver tun würden. Alles was es dazu noch braucht, ist ihre Aufmerksamkeit auf ihr Herz und ihre Gefühle zu lenken, damit sie sich dessen bewusst werden und mehr in das Gefühl gehen.

Weißt du, Barbara, ich liebe meine Menschen wirklich sehr und ich freue mich extrem, dass ich ihnen jetzt auch noch einen Dienst erweisen kann.

[…]

Wichtig ist für mich, dass sie wirklich lernen, ins Gefühl zu kommen. Meine Menschen sind sehr fein und feinfühlig, schieben aber noch sehr viel davon von sich. Ich möchte ihnen nun helfen, in dieses Gefühl zu finden.

Dann mal los. Wie kann ich dir helfen?
Soll ich einfach mitschreiben?

Das wirst du dann schon wissen.

Alles klar.

Also, es ist ein wenig schwer für mich, dort einzusteigen. Meine Menschen sind klasse und haben auch sehr viel Potenzial, aber sie sitzen noch sehr oft in ihren Köpfen fest.
Verstehst du, was ich meine?

Ich verstehe das. Du meinst, dass sie sehr oft eher ins Denken als ins Fühlen gehen und viele Entscheidungen viel mehr aus dem Kopf als aus dem Bauch und dem Herzen treffen?

Genau das meine ich.

Siehst du und das ist der Grund, weshalb ich dich benötige. Ich weiß, was ich sagen will, aber mir fehlt manchmal das Wie und manchmal fehlen mir die Worte. Du verstehst, was ich meine, und kannst das meinen Menschen viel besser erklären.

Also gut. Das wird sicherlich interessant. Ich freue mich, dir auf diese Art und Weise helfen zu können.

Ich freue mich auch.

Dann mal los.

Also, wie ich schon gesagt habe, hängen meine Menschen noch sehr oft in ihren Köpfen fest.

Meine oder viel mehr unsere Aufgabe wird es heute sein, ihre Herzen ein Stück weiter zu öffnen.

Ach, es wird auch meine Aufgabe sein? Ich dachte, ich helfe dir lediglich, dich zu artikulieren und zu erklären, was du sagst?

Da irrst du dich. Es ist weit mehr als das. Du bist zwar mein Sprachrohr, aber du bist auch dafür zuständig, die richtige Schwingung reinzubringen und was du sonst noch zu tun hast, das werden wir dann sehen.

Also gut.
[…]
Wie wäre es damit, wie es dir jetzt geht? Ob du Schmerzen hast und ob du dich jetzt wohl fühlst?

Ach, das wissen sie nicht?

Nein. Nur wenige Menschen wissen, was nach dem Sterben kommt.

Ach so?

Ja, so ist das.

Na dann ist es vielleicht noch ein weiterer Teil meiner Aufgabe, meinen Menschen die Angst vor dem »Danach« zu nehmen?

Das kann gut sein.

Beschreibe uns doch bitte einfach mal, wie es dir jetzt geht.

Mir geht es ausgezeichnet. Ich bin an dem Ort, an den jede Seele zurückkehren möchte. Hier gibt es keine Formen und keine Körper. Alles hier besteht aus reinstem Licht und unendlicher Liebe. Niemand hat hier Hunger oder Schmerzen zu leiden und alle sind glücklich.

Es gibt aber auch nicht so das »Du und Ich«, wie es auf der Erde der Fall ist. Es ist hier alles ein großes »Wir«! Man kann sich das so vorstellen wie eine große Ursuppe oder eher ein Nebel aus reinem Licht. Es gibt viele, viele einzelne Wassertröpfchen, die zusammen den Lichtnebel bilden. Ein einzelner Tropfen ist da, aber er hat nie diese wundervolle Energie, so zu strahlen wie wir alle zusammen.

Jeder von uns, egal ob er noch in einem Körper steckt, oder ob er schon frei ist, hat einen Anteil von sich hier in diesem Urnebel aus Licht. Selbst wenn man in einen Körper auf der Erde geboren wird, so bleibt immer ein winziger Teil von jedem in diesem Nebel. So in etwa wie ein Anker. Jeder ist immer mit diesem göttlichen Nebel verbunden.

Wenn wir »sterben«, dann kehren wir nur einfach wieder ganz zurück in den Nebel.

Kann man das vielleicht auch ein klein wenig anders beschreiben?

Nur zu!

Wenn man den Nebel durch den Begriff Meer ersetzt, dann kann man doch sagen, dass ein einzelner Tropfen noch kein Meer macht, aber alle Tropfen zusammen geben ein großes und wunderschönes, leuchtendes Meer. Wenn jetzt eine Seele aus diesem Meer entscheidet, in einen Körper auf Erden geboren zu werden, so verlässt sie dieses Meer. Dieser eine »Wassertropfen« wird aber immer »nass« bleiben. Das heißt dann so viel wie, dass der Tropfen oder die Seele immer ihre Urform behält, also immer nass oder im Falle der Seele göttlich bleibt. Ein Wassertropfen kann niemals trocken, also nicht nass sein. Genauso wenig kann eine Seele ungöttlich sein.

Das stimmt. Das ist ein schönes Beispiel. Und ich darf meinen Menschen jetzt helfen, ihre Göttlichkeit in sich zu finden. Das war klasse, dass du das so ausgedrückt hast, denn jetzt kann ich auch meine Aufgabe besser in Worte fassen.
Ich darf meinen Menschen helfen, ihre Göttlichkeit in sich zu finden!

Das ist eine wunderschöne Aufgabe.
Und wie denkst du das jetzt zu tun?

Indem ich ihnen helfe, ihr Herz zu öffnen. Sobald ein Mensch sein Herz öffnet, findet er automatisch in seine Göttlichkeit zurück. Das ist quasi dasselbe.

Das hast du schön ausgedrückt. So ist mir das noch nie bewusst geworden.
Ich danke dir für diese Einsicht.

Gerne. Aber wie kann ich es jetzt am besten in Worte fassen, wie ich meinen Menschen helfen kann?
Es ist Teil meiner Aufgabe, das Herz meiner Menschen zu öffnen.

[…]

Nun erzähle mir doch einfach, wie du die Herzen deiner Menschen öffnen willst und kannst.

Als erstes möchte ich mich für die wunderschöne Zeit mit und bei meinen Menschen bedanken.
Es war einfach herrlich und wir hatten oft viel Spaß.
Ich weiß, dass meine Menschen schon sehr viel in ihren Herzen sind und ich weiß, dass sie, wenn sie sich dessen bewusst sind, ihre Herzen noch weiter öffnen können.
Sie haben alles richtig gemacht und es geht mir hier und jetzt sehr gut.

Ich möchte meine Menschen nun einfach bitten, mit dem Herzen zu sehen.

Ich möchte sie bitten, raus in die Natur zu gehen und sie sich genau anzusehen. Es gibt so viele wundervolle Blumen und Tiere dort draußen. Schaut sie euch an und öffnet dabei eure Herzen. Immer wenn ihr traurig seid, dann denkt an die vielen Wunder, die auf dieser Erde leben. Dann wird euer Herz immer aufgehen und ihr werdet leuchten aus eurem tiefsten Inneren. Und jedes Mal, wenn ihr es schafft, aus euch heraus zu strahlen, wird sich euer Herz ein Stück weiter öffnen. Und so werdet ihr ganz allmählich immer tiefer in euer Herz finden.

Dass ihr euer Herz ganz geöffnet habt, werdet ihr daran erkennen, dass die Menschen, die selbst ihr Herz offen tragen, euch anstrahlen und dass die Menschen, die sich selbst nicht lieben, euch böse anschauen werden, weil sie neidisch auf euch sind. Aber daran erkennt ihr, dass ihr in die Tiefe eures Herzens vorgestoßen seid.

Ich danke dir für diese wunderschönen Worte.

Ist das nicht wunderschön?

Mir ist diese Kommunikation besonders wichtig, weil ich fühle, dass dies die Aufgabe aller Tiere ist.

Sie sind alle da, um uns Menschen in unser Herz und unser Fühlen zu führen.

Natürlich kommen dann auch immer noch andere Aufgaben dazu.

Bedingungs-lose Liebe

Manche Aufgaben erschließen sich uns gleich, andere nie. Aber mein Gefühl sagt mir, dass es die größte Aufgabe und das größte Gut von uns Menschen ist, vom Kopf ins Herz zu kommen.

Auch bekam ich gestern hierzu noch eine weitere Botschaft übermittelt.

Auch sie ist wunderschön, wenn zum Teil auch recht persönlich.

Obwohl es teilweise etwas schwer für mich ist, meine persönlichsten Erfahrungen mit allen zu teilen, so wurde mir doch gesagt, ich hätte diesen Text genauso wiederzugeben.

Hier also die Botschaft vom 25. Juni 2011 zum Thema Liebe und nochmals eine Erinnerung wie wichtig es ist, dieses Buch zum vereinbarten Zeitpunkt fertigzubekommen.

Barbara, ich weiß, wir alle wissen, dass deine Zeit knapp bemessen ist, aber es ist sehr wichtig, dass du gut vorankommst.
Auch wissen wir, dass du deine noch üblichen Probleme im Sommer hast.

[Ich habe durch die Tiere gelernt, dass Krankheiten keinen Namen bekommen dürfen, oder zumindest nicht beim Namen genannt werden dürfen. Jede Krankheit, die beim Namen genannt wird, wird mit jedem Aussprechen ihres Namens stärker und unbesiegbarer. Die Tiere halten sich daran und so tue ich es auch.]

Zwar sind sie schwächer, aber wir wissen sehr wohl, dass sie dich noch extrem beeinträchtigen.
Nichtsdestotrotz musst du dran bleiben.
Die Frist bis Ende des Monats muss eingehalten werden.
Wir wissen, wie schwer das gerade für dich ist. Aber es ist so wichtig, dass du das jetzt durchziehst.

Kannst du mir denn auch sagen, warum es so wichtig ist, dass das Buch zu diesem Termin fertig wird?

Teilweise. Es ist einfach in deinem Plan so geschrieben.
Es hat sehr viel mit deiner Zukunft zu tun. Die Vollendung des Buches wird für dich über kurz oder lang, aber eher kurz, sehr viel Freiheit bringen. Allerdings nur, wenn du nun bereit bist, deine Freiheit zu opfern.

Sieh es doch mal so. Du darfst jetzt dranbleiben und dich da wirklich durchbeißen. Aber was dann kommt, kannst du dir noch nicht so wirklich vorstellen.

Die Sache mit der Medienöffentlichkeit wurde dir ja bereits erklärt.

Aber es hängt noch so viel mehr an diesem Buch.

Der Hof, den du gesehen hast, kann nur in der von dir erfahrenen Zeit verwirklicht werden, wenn das Buch bis Ende Juni diesen Jahres fertig ist.

Deshalb werde ich dir nun auch noch den Teil eines Kapitels dazu liefern.

Das ist auch der Grund, warum es dir so wichtig war mit mir, und auch umgekehrt, zu sprechen.

Ich werde dir heute, hier und jetzt, über das Thema Liebe berichten.

Das ist ein wunderschönes Thema. Ich freue mich sehr.

Das kannst du auch.

Also los.

Weißt du, wir Tiere sind, wie du es so schön bezeichnest, eine Art aufgestiegene Meister.

Wir sind hier auf Erden, um euch Menschen zu lehren und euch zu helfen.

Ein großer Teil der Hilfe, die wir euch zuteil werden lassen, ist die Liebe.

Wir Tiere sind in der Lage, bedingungslos zu lieben, und wir sind immer und immer wieder dran, das euch Menschen auch zu lehren. Manche wenige Menschen schaffen es tatsächlich, bedingungslos zu lieben.

Erst einmal sollten wir uns das Wort »bedingungslos« anschauen.

Bedingungs-los heißt so viel wie lieben ohne Bedingungen zu stellen.

Aussagen also wie: »Wenn du gut bist in der Schule, dann hat dich die Mami lieb!« oder »Wenn du mich lieben würdest, dann würdest du...« sind alles Beweise für genau das Gegenteil.

Wenn ich einen Menschen als Mensch bedingungslos lieben kann, dann würde ich ihm sagen: »Egal was du bist, egal was du tust, egal wie du aussiehst, ich liebe dich einfach um deiner selbst willen. Einfach weil du so bist, wie du bist.«

67

Du Barbara, hast dabei schon große Fortschritte gemacht. Du bist aufgewachsen mit Liebe voller Bedingungen und die meisten Menschen um dich herum setzen dich immer noch unter Druck, damit du sie liebst. Oder sie wollen Liebe von dir erpressen. Das ist auch der Grund, warum du dich immer mehr von einigen Menschen entfernst.

Du und viele deiner Art, damit meine ich die feinfühligen Menschen, die bereits zum großen Teil in der Dimension der 5 leben, können nur noch von Liebe sprechen, wenn sie aus tiefstem Herzen kommt und bedingungslos stattfindet.

Nur wer dich um deiner selbst willen liebt, der kann auch deine Liebe erfahren.

Jeder, der vorgibt dich zu lieben, weil du eben zu seiner Familie gehörst oder weil du berühmt bist – und das wirst du sein –, wird nicht in der Lage sein, auch nur annähernd zu deinem Herzen vorzudringen. Und diese Menschen haben deine Liebe auch nicht verdient.

Die Liebe ist das höchste Gut, das ihr Menschen habt.

Wie schon euer Freund Michael euch erklärt hat, wird nur noch das Bestand haben können, was in Liebe geschieht.

Wenn sich also ein Mensch selbst nicht liebt, wird er dann weiter existieren können?

Nein. Diese Menschen werden über kurz oder lang aussterben.

Deine Zahl ist die 6. Das bedeutet, dass du im Kreise und im Zeichen der Liebe geboren wurdest.

Du hast lange und schwer lernen dürfen, dass dich niemand lieben kann und wird, wenn du dich nicht selbst liebst. Du arbeitest immer noch an deiner Selbstliebe, wie wir sehr gut wissen, aber du machst wirklich viele Fortschritte. Früher hast du dich verbogen und alles dafür getan, geliebt zu werden. Heute lernst du zu sagen: »Nur wer mich um meinetwillen liebt, so wie ich bin, der ist es wert, von mir geliebt zu werden.«

Das war ein großer Schritt in deiner Entwicklung.

Jetzt, und erst seit dem letzten Wochenende, bist du sogar bereit, deine Familie loszulassen, wenn es nicht um wahre aufrichtige Liebe geht.

Deine Mutter darf lernen, dich so zu lieben, wie du bist, und das ohne Bedingungen. Nur wenn sie das lernt, werdet ihr wieder zusammenfinden.

Ich weiß, wie sehr dir das weh tut, aber denk einfach an die wahre Liebe.

Du hast schon vor einiger Zeit, vor ziemlich genau einem Jahr, gelernt, dass Bedingungen nicht funktionieren.

Damals hast du der geistigen Welt ein Ultimatum gestellt und es hat nicht funktioniert. Wie hätte es das auch können. Du wolltest etwas zu deinen Bedingungen aushandeln, ohne dass es aus deinem Herzen gekommen wäre. Und auch damals hat die Zeit schon begonnen, dass alles nur funktionieren kann, was auf Liebe basiert.

Damals war das allerdings fast nur für die Arbeit mit der geistigen Welt und den Engeln von Bedeutung. Und natürlich für die Zusammenarbeit mit der eigenen Seele.

Ja, das alles muss in deinem Buch erscheinen, auch wenn es dir sehr privat vorkommt. Aber genau das ist es, was die Menschen wissen müssen. Sie müssen wissen, dass du weißt, wovon du sprichst.

Du wurdest durch deine fast brutale Forderung an die geistige Welt von dieser gebrochen.

Leider war das nötig, um dir Liebe und Demut beizubringen. Allen, vor allem uns, den Tieren, hat das sehr wehgetan. Aber nur so konntest du lernen.

Darauf folgte dann eine Zeit der Resignation und dann kam die wirkliche Liebe.

Seit du in dieser Liebe lebst und arbeitest, kannst du deinem Gefühl folgen, und seither geht dein Leben endlich seinen Weg.

Du kannst all das leben, was dir wichtig ist. Es erfüllen sich alle deine Wünsche und zwar schnell.

Und das Beste von allem ist, dass ich dir heute eröffnen darf, dass alles bald noch viel schneller gehen wird. Und dass du bald endgültig frei sein wirst.

Lebe nur weiter dein Gefühl und vertraue in die Führung deiner Seele, dann wirst du alles erreichen, was du dir je erträumt hast.

Nun aber wieder zurück zur Liebe.

Wie ich schon sagte, ist die Liebe das wertvollste Gut, das ihr Menschen auf Erden besitzt. Nur wer in vollkommener Liebe handelt, wird weiter bestehen können und das wird zukünftig eine der wichtigsten Aufgaben von uns Tieren sein. Euch Menschen die Liebe zu lehren.

Oft werden wir dafür sterben müssen, damit ihr erkennen könnt, was Liebe bedeutet. Denn Liebe bedeutet auch verzeihen und loslassen.

Ich bezeichne die Liebe deshalb als »Gut«, also als eine Art »Ware«, weil sie bald schon die einzige Handelsmöglichkeit sein wird.

Das ist alles recht praktisch und weltlich ausgedrückt, aber nur so verstehen es viele von euch Menschen.

Die, die mehr verstehen, schmerzt dieser Begriff, aber das Buch wird auch für viele geschrieben, die es noch nicht verstehen. Deshalb ist es teilweise nötig, diese Art der Sprache und des Ausdrucks zu verwenden.

Was bedeutet es, dass die Liebe bald nur noch die einzige Handelsmöglichkeit sein wird?

Weißt du es, Barbara?

Ich kann es mir sehr gut vorstellen.

Ich weiß. Aber lass es mich erklären.

Zum einen bedeutet es natürlich, dass bald wirklich nur noch alles, was in Liebe geschieht, umgesetzt werden kann und wird. Das heißt, dass die einzige Möglichkeit zu handeln, die der Liebe sein wird.

Der andere Punkt ist, dass die Liebe bald nur noch der einzige »Tauschwert« sein wird. Es wird weiterhin ein sogenanntes Wertesystem geben. Ihr werdet weiterhin Energien tauschen. Sei es in der Form von Geld, bei euch hier Euros genannt oder sei es in Waren oder Dienstleistungen. Das alles wird bestehen bleiben.

Allerdings wird nur noch die Währung angenommen die auf Liebe basiert. (1x niesen: das bedeutet Zustimmung und Wahrheit)

Wird also eine Ware oder eine Dienstleistung oder gar die euch so wichtigen Euros ohne den Hintergrund der Liebe gegeben, so wird das wertlos sein und nicht als Tauschmittel angenommen werden.

Wenn du eine Leistung erbringst, ohne es gerne zu machen, wird dir dein Gegenüber auch nicht gerne den dafür notwendigen Ausgleich geben.

Wird dir ein Arbeitgeber nicht gerne deinen Lohn zahlen, so wird es dir unmöglich sein, für ihn zu arbeiten.

Und was denkst du, wird dann passieren?

Natürlich! Das ganze System, so wie es jetzt läuft, bricht zusammen.

Nur noch Firmen, die ihre Mitarbeiter achten und respektieren und deren Leistung anerkennen, werden bestehen können.

Betriebe, die ihre Leute (welch furchtbare Bezeichnung – »ihre« Mitarbeiter oder »ihre« Leute – sagt das nicht schon alles über das Verhältnis aus? Das drückt ganz klar die »Sklavenhaltung« der heutigen Zeit aus!) nicht als freie Menschen betrachten und die von ihnen erbrachte Arbeit und Leistung schätzen und ehren, werden von heute auf morgen zusammenbrechen.

Betriebe, die Menschen bei sich versammeln, die dorthin gehen, weil sie es von sich aus wollen, und nicht weil sie es müssen, werden leben und erfolgreich sein.

Da das Wertesystem sich verändert, wird es auch nicht mehr darauf ankommen, wie viele Euros der eine im Vergleich zum anderen bekommt. Alles wird sich ändern.

Es wäre sehr schwer und fast unmöglich, dir und deinen Lesern das alles jetzt zu erklären, aber einen Teil werde ich dir beschreiben.

Jeder Mensch hat Gaben und Talente und natürlich andere Interessen.

Wem es Spaß macht, in eine Firma oder Fabrik zu gehen, um dort etwas zu erschaffen, der wird das auch weiterhin tun können. Er wird entweder in der für ihn passenden Summe an Geldmitteln ausgetauscht (das ist schon richtig so, auch wenn es für dich sehr befremdlich klingt) oder er bekommt stattdessen einen anderen, für ihn wichtigen Gegenwert. (1x niesen)

Das kann alles sein, was du dir nur vorstellen kannst.

Ich werde hier nun auch nicht weiter drauf eingehen, da es ab diesem Punkt zu der jetzigen Zeit zu unrealistisch erscheinen wird.

So wird also die Arbeitswelt weiter aussehen. Auch hier wird nur noch getan und getauscht was auf Liebe basiert.

Was haben nun wir Tiere damit zu tun?

*Ganz einfach. Wir sind momentan **noch** die Einzigen auf Mutter Erde, die euch die bedingungslose Liebe vermitteln können.*

Viele Menschen tun sich sehr viel leichter, ein Tier bedingungslos zu lieben als einen anderen Menschen. Sie wissen, dass wir Tiere frei von Bedingungen sind. Ein Tier liebt nicht nur, weil es zu fressen bekommt. Ein Tier schaut sich den Menschen und dessen Seele an und liebt dann diesen Menschen um seiner selbst willen.

Selbst die Menschen, die ihre Tiere schlecht behandeln, werden von uns Tieren geliebt, weil wir sehen, wie leuchtend schön und strahlend die Seele in diesem Menschen ist.

Das ist das Geheimnis. Wir Tiere betrachten nicht die Hülle, die eine Seele sich angezogen hat, sondern wir betrachten die Seele in all ihrer strahlenden Schönheit und all ihrer Liebe. Manchen von euch Menschen gelingt es immer besser, das Schöne im Menschen zu erkennen. Immer wenn jemand von »das Schöne im Menschen« spricht, spricht er von der Seele.

Wer in der Lage ist, die Seele zu erkennen und zu lieben, der lebt echte Liebe. Und wer in der Lage ist, die Seele zu sehen und zu erkennen, der kann nicht anders, als sie zu lieben, denn eine Seele ist die reine Liebe.

Da weder du noch wir Tiere es schaffen können, den Menschen beizubringen, die Seelen zu sehen, haben wir die Wahl, den Menschen zu zeigen, die wahre Liebe zu leben. Die reine und bedingungslose Liebe, wie ich sie dir beschrieben habe.

Denn jeder Mensch, dem wir das Herz öffnen helfen, wird Liebe leben können und früher oder später auch die wahre Schönheit jedes Menschen und somit dessen Seele sehen lernen.

Das ist ein Teil der Aufgabe dieses Buches, das wir zusammen mit dir schreiben. Wir alle wollen den Menschen die Liebe vermitteln und sie auf den Weg ihres Herzens führen.

Ich danke dir für diese wundervolle Ausführung und Erklärung.

Wir danken dir von ganzem Herzen und bitten dich, auch weiterhin so viel Liebe zu verbreiten, wie es dir nur möglich ist. Aber nur die wahre Liebe.

Und es war richtig, dass du dir die nächste Woche frei genommen hast.

Danke schön und ich schicke dir all meine Liebe von Herz zu Herz.

Von Herz zu Herz.

Verstehst du nun diese Worte besser?

Oh ja. Immer besser!

Danke dir und den anderen Tieren.

Ist das nicht einfach wundervoll!

Es hat mich fast umgehauen, als ich diesen Text das erste Mal bewusst gelesen habe.

Die Botschaften werden immer tiefer und intensiver und ich erfahre Dinge, von denen ich mir nie träumen ließ.

Die Tiere erklären mir zunehmend die Zeit und alle großen und kosmischen Zusammenhänge.

Das fasziniert mich total und haut mich immer wieder fast um.

Ich bekomme nach fast jedem Gespräch eine Gänsehaut, wenn ich lese, was die Tiere mir übermittelt haben.

Ich bin einfach nur dankbar, dass ich als Botschafterin ausgewählt wurde und als Großmeisterin dienen darf.

Vielleicht verstehe ich gerade jetzt so langsam besser, was es bedeutet Großmeisterin der Menschen zu sein.

So sehr ich mich anfangs dagegen gewehrt habe, so sehr wird mir nun bewusst, was ich bewegen kann und auch so ganz langsam aber sicher das »Wie«.

In meinem Leben habe ich schon sehr viele Erfahrungen machen dürfen, die teilweise alles andere als schön waren.

Oder kann sich jemand da draußen vorstellen, dass es schön ist, von der geistigen Welt »gebrochen« zu werden, wie sie es in der Botschaft erwähnt haben?

Und kann sich dann noch jemand vorstellen, dass es toll ist, wenn man quasi »genötigt« wird, diese Erfahrung auch noch mit vielen, vielen Menschen da draußen zu teilen, so dass alle wissen, wie »dumm und blöd« man selbst einmal war?

Das ist alles andere als schön, das kann ich euch versichern.

Aber es ist nötig. Ich habe diese Erfahrungen machen dürfen und kann sie nun an euch weitergeben.

Das mag auf den ersten Blick vielleicht etwas demütigend sein, aber es wird hoffentlich dem einen oder anderen helfen, einen besseren und einfacheren Weg zu gehen.

Das soll jetzt aber nicht bedeuten, dass mein Weg schlecht war. Nein, im Gegenteil. Ich hätte ihn mir nur manches Mal etwas einfacher gewünscht.

Meine Aufgabe als Großmeisterin scheint es also nicht nur zu sein, euch von diesen Dingen und all den wundervollen Themen der Tiere zu berichten, sondern auch, einiges zu durchleben und zwar zum Wohle aller.

Ich habe schwerwiegende »Fehler« oder eher Erfahrungen gemacht und somit habt ihr, die ihr dies lest, die Möglichkeit, diese Erfahrungen nicht selbst machen zu müssen.

Jedem steht natürlich frei, selbst die eine oder andere Erfahrung zu machen und somit selbst Dinge zu erleben, die wichtig und richtig für ihn sind.

Aber ihr habt auch die Möglichkeit aus meinem Erfahrungsschatz zu lernen und zu profitieren.

Danke jedem, der diese Möglichkeit wahrnimmt und somit meinem Handeln einen Sinn gibt.

Wie so oft bekomme ich, kurz nachdem ich etwas geschrieben habe, sofort die Bestätigung dafür.

In diesem Falle hat mir ein wundervoller Kater, dessen Namen ich nicht nennen soll, eben (einen Tag nach der vorangegangenen Erkenntnis) eine sehr wichtige Botschaft vermittelt, die sehr viel mit dem Thema Liebe zu tun hat.

Aber lest selbst:

———————————

Ich schicke dir außerdem noch ein Kapitel zu deinem Buch.
Sage mir, Barbara, kannst du die Liebe und das Licht fühlen, die ich dir gesandt habe?

Nein, noch nicht so ganz.

Dann geh nachher in deinen Garten, schließ die Augen, lausche den Geräuschen der Natur und du wirst sie fühlen, Liebe und Licht.
Warum sagt man denn eigentlich »Licht und Liebe«?

Du wirst es mir bestimmt gleich mit wundervollen Worten erklären.

Ob das wundervolle Worte sein werden, wird sicherlich ganz im Auge des Betrachters liegen. Ich jedenfalls werde mir die größte Mühe geben, diese Worte wundervoll erklingen zu lassen.

Das klingt schon mal sehr poetisch.

Danke. Also los.

Ihr Menschen benutzt »Licht und Liebe« wie eine Art Schlüssel. Lange Zeit war es eine Art Geheimcode, damit ihr bewussten Menschen euch untereinander erkennen könnt.

Nun ist es aber so, dass ihr diesen Code nicht mehr benötigt.

Ihr spracht von Licht und Liebe, weil die schon zu der Zeit bewussten Menschen sehr genau erkannt haben, dass Liebe und damit verbunden unweigerlich das Licht der einzige Zugang zu dem wahren Selbst sind.

Das wahre Selbst ist die Seele und die Seele besteht aus reinem Licht und reiner Liebe.

Da jede Seele Teil der großen Energie oder des Göttlichen ist, besteht jede Seele natürlich, wie auch das Göttliche selbst, aus eben diesem, Licht und Liebe.

Auch wenn es euch schon so oft erklärt wurde, werde ich es nochmals vertiefen.

Hier auf Erden ist alles sehr dicht und fest. Das war nötig, damit die Seelen die Erfahrungen machen konnten, die gewählt waren zu erleben.

Denn wie kann ich verzeihen, ohne einen Grund zu verzeihen. Um also verzeihen zu können, muss mir ja erst einmal eine »Ungerechtigkeit« zuteil werden. Und damit jemand in der Lage sein kann, dir oder mir oder jeder anderen Seele eine Ungerechtigkeit anzutun, muss derjenige sein Licht sehr gut überdecken und reduzieren.

Jedes Wesen, das auf Mutter Erde lebt, ist göttlich. Göttlich bedeutet, wie schon erwähnt, aus purem Licht und purer Liebe bestehend.

Wie kann also ein Wesen, und das können meist die Menschen, ihr Licht so überdecken?

Indem sie sich einen Mantel der Dunkelheit und der Schwere überziehen. Das ist ein sehr großes Opfer und ihr solltet jedem, der dies für euch tut, unendlich dankbar sein.

Das klingt für die meisten Menschen einfach nach Hohn! Wie kann ich dem Vater, der seine Hand gegen mich erhob, dankbar sein? Wie kann ich der Frau, die mein Herz gebrochen hat und mich zutiefst erniedrigt hat, dankbar sein? Oder wie kann ich gar den Menschen, die tausende anderer Menschen und dabei vielleicht auch meine Familie oder Freunde getötet haben, dankbar sein?

Es ist sehr einfach. Öffnet eure Herzen und fühlt, was ihr durch diese Menschen erlernen durftet.

Seid euch immer bewusst, dass diese Menschen das nur getan haben, um euch eine besondere Lernerfahrung auf Erden zuteil werden zu lassen.

Habt ihr gelernt, die Eltern zu respektieren, durch den prügelnden Vater? Wenn nein, dann seid ihr vielleicht dadurch zu einer starken

Persönlichkeit geworden? Oder konntet ihr euch dadurch mit eurer Mutter verbünden und sie durch euer Eingreifen vor Schlimmerem bewahren? Oder habt ihr, dadurch dass ihr die Wut des Vaters auf euch gezogen habt, dem ungeborenen Geschwisterchen das Leben ermöglicht? Wer weiß das schon, außer dem Betroffenen selbst.

Niemand anderes kann es sicher wissen.

Aber jeder, der sich ungerecht behandelt gefühlt hat, sollte einmal in sich hinein hören und auch fühlen, um zu erfahren, warum dies so geschehen ist.

Ich möchte euch ein Beispiel aus dem Leben unserer Autorin geben.

Sie ist hier, um Wahrheit zu vermitteln und euch allen, die ihr diese Bücher lest, Erfahrungen abzunehmen.

Wie hätte Barbara besser lernen können, die Wahrheit zu sagen, als durch Lügen?

Sehr lange Zeit in ihrem Leben wurde sie nur belogen und oft sogar betrogen. Anfangs war sie einfach nur verletzt und wütend, dann setzte irgendwann fast Hass und sogar Resignation ein.

Aber auf diesem Wege konnte sie lernen, Wahrheit von Lüge zu unterscheiden, und lebt seither die Wahrheit. Haben all diese Menschen, die sie belogen und betrogen haben, ihr denn nun Schaden zugefügt oder haben sie sie stärker gemacht und sie auf ihren Weg gebracht?

Hätte sie die Arbeit machen können, die sie macht, wenn sie nicht gelernt hätte, Wahrheit zu sprechen?

Könnte dieses Menschenkind Botschaften von uns so korrekt und zweifelsfrei wiedergeben, wenn sie durch diese Menschen nicht gelernt hätte, wahr und rein zu sein?

Nein. Das alles hätte sie nicht gekonnt. So hat sie gelernt, zu sein was sie heute ist, und ist hoffentlich all jenen dankbar, die ihr diese »bösen« Lügen angetan haben!

Ich danke dir mein Freund für diese Worte.

Glücklicherweise durfte ich das schon länger erkennen. Doch hatte ich gehofft, dass meine Erkenntnisse auch MEINE Erkenntnisse bleiben würden.

Dazu bist du nicht hier. Deine Erkenntnisse werden zunehmend auch die Erkenntnisse der Menschheit werden!

Das ist jetzt aber heftig.

Ja, das mag es sein. Aber so ist es. Du hast gelernt, die Wahrheit zu erkennen, und du wirst sicherlich keinerlei Lüge hinter meinen Worten finden, oder?

Nein.

Na siehst du. Akzeptiere es und gehe weiter deinen Weg der Wahrheit. So werden viele Menschen lernen und profitieren.

Ich danke dir.

Hast du uns noch mehr zu der Liebe und dem Licht zu berichten?

Das habe ich wohl.

Jeder sollte all denjenigen besonders dankbar sein, die ihm die anscheinend schlimmsten Dinge angetan haben.

Das fällt einem Menschen unendlich schwer, aber den göttlichen Wesen, die ihr seid und immer mehr sein werdet, wird es zunehmend leichter fallen.

Sobald alle »Menschen« erkennen, wer sie wirklich sind und was andere »böse Menschen« ihnen angetan haben und aus welchem Grund, wird jeder viel einfacher in seine Göttlichkeit finden und dem scheinbaren Feind in die Arme fallen können und ihm von Herzen danken können. Somit wird nicht nur die eigene Seele reiner und freier, sondern die andere Seele wird erlöst von der Rolle des »Bösen«.

Indem ihr euch also bewusst werdet, was andere »Menschen« für euch getan haben, egal wie böse es scheinen mag, und diesen Menschen dafür dankt, bringt ihr viel mehr Licht und Liebe auf unsere Mutter Erde. Und nichts ist dringlicher, als Licht und Liebe hierher zu bringen, um Mutter Erde den Wandel in die 5. Dimension zu erleichtern.

Je mehr Wut und Hass es noch auf dieser Erde gibt, desto schwerer ist sie mit all ihrer »Last«, die sie selbst und die all die »schweren Men-

schen« auf ihr zu tragen haben. Und je schwerer Mutter Erde ist, desto weniger sanft wird sie aufsteigen können.

Es ist nun an den vielen tausenden Lichtarbeitern, Mutter Erde von ihrer Last zu befreien, indem jeder erst einmal seinem Nächsten vergibt und ihm die Liebe zukommen lässt, die er verdient hat.

Jeder Einzelne muss vor seiner eigenen Tür anfangen und keiner hat das Recht, die Verantwortung den »Anderen« zuzuschieben.

Jeder einzelne Lichtarbeiter, – und ich habe dir, der du dieses Buch jetzt schon bis zu dieser Stelle gelesen hast, mitzuteilen, dass auch du ein solcher bist, – trägt die Verantwortung des Vorbildes auf seinen Schultern.

Ja, lies den letzten Satz nochmals genau und in voller Aufmerksamkeit durch.

Ja du! Du bist ebenso ein Lichtarbeiter und somit ein Vorbild wie auch Barbara, die dieses Buch hier zusammen mit den Tieren und dem »Rat der Tiere« schreibt. Würde dich das ganze Thema nichts angehen, so hättest du dieses Buch schon nach den ersten Seiten beiseite gelegt.

Es ist also durchaus auch in deiner Verantwortung, deinen »Dämonen« zu vergeben, deine Göttlichkeit zu entdecken und damit Mutter Erde den Aufstieg zu erleichtern.

So, nun habe ich für meinen Teil genug gesagt.

Übernimm diesen Text so, wie ich ihn dir gegeben habe, und verändere nichts. Es ist sehr wichtig, genau diese Worte zu behalten.

Nun danke ich all jenen Lesern und auch Barbara, dass ihr ab heute beginnen werdet, mit offenen Augen und bewusster durch dieses Leben zu gehen und euren »Feinden« verzeihen werdet, um ein Vorbild für andere zu sein!

Danke!

Ich danke dir mein Freund.

Genau das ist es, was ich meine, wenn ich schreibe, dass mir immer gleich auch eine weiterführende oder tiefere Erklärung geliefert wird.

Eine Botschaft baut sich auf die andere auf und führt uns Stück für Stück tiefer in das noch geheime Wissen der Tiere, das nun an der Zeit zu sein scheint, der Öffentlichkeit offenbart zu werden.

Über die Leben hinaus

Ein weiterer großer Akt der Liebe, sogar über die Leben hinaus, hat mir Willie, ein Kater, erzählt, der vor nicht allzu langer Zeit seinen Katzenkörper verlassen hat.

Wieder einmal durfte ich in diesem Gespräch etwas lernen, das völlig neu für mich war.

Und wie geht es dir sonst?

Sonst geht es mir hervorragend. Wie es jedem hier geht. Es gibt hier keine Schmerzen und keinen Unmut. Es gibt keine Streitereien und es herrscht allgemein Friede und Harmonie.

Das klingt wundervoll.

Das ist es auch.

Schön.

Deine Menschenfreundin fragt, ob du noch in ihrer Nähe bist und ob sie mit dir kommunizieren kann oder soll?

Ich bin immer in ihrer Nähe. Die andere Seite ist nämlich gar nicht so weit weg, wie ihr Menschen immer glaubt.

Das sogenannte Jenseits ist auf genau der gleichen Ebene wie euer normales Leben. Nur einfach viel feinstofflicher, heller und lichter.

Das bedeutet also, dass du ganz nah bei ihr bist?

Ja, das bedeutet es.

Und ich bin mir sicher, dass sie mich immer noch fühlt. Immer wieder. Wie ich ihr beispielsweise an den Beinen entlangstreiche oder wie ich neben ihr auf dem Sofa liege.

Okay. Und kann sie dann mit dir kommunizieren?

Ja, aber nicht so, wie sie es versucht.

Sie wird nur mit ihrem Herzen zu mir Kontakt aufnehmen können. Momentan versucht sie es noch über ihren Kopf. Nur wenn sie vom Denken ins Fühlen kommt, wird sie mich auch bewusst fühlen können.

Ich werde ihr auch Nachrichten übermitteln können, aber nur, wenn sie sich auf eine ganz andere Ebene begibt. Sie sollte lernen, die Bildersprache besser zu deuten.

Ich kann ihr momentan schicken, was ich will, und es kommt immer nur ein weißer oder ein schwarzer Punkt an.

Wenn sie lernt, auf die Stimme ihres Herzens zu hören, dann wird sie mich verstehen können.

Und ist es wichtig, dass sie mit dir kommunizieren kann?

Es würde vieles einfacher für sie machen.

Also gut.
Möchtest du ihr denn jetzt schon mal eine Botschaft übermitteln?

Weißt du, Menschenkind, all die Dinge, die ich ihr zu sagen habe, sind sehr persönlich.

Sie und ich haben schon sehr viele Leben miteinander verbracht.

Auch in der Zeit, in der ich noch kein Tier, sondern noch ein Mensch war. Wir waren und sind sehr eng miteinander verbunden und haben uns schon sehr geliebt.

Das ist auch der Grund, warum sie mich nicht loslassen kann und warum sie wie eine Löwin um mich gekämpft hat.

Es wäre schon einfach gewesen, wenn sie mich früher hätte sterben lassen, von alleine versteht sich, aber das konnte sie nicht.

Sie empfindet immer noch eine gewisse Schuld mir gegenüber von einem unserer letzten gemeinsamen Leben.

Bedeutet das, dass du und dein Mensch schon als Menschen zusammen gelebt habt, du dann aber aufgestiegen bist und sie noch etwas Zeit auf der Erde zu verbringen hat?

Ja, das soll es bedeuten. Nur dass es nicht »mein Mensch« war, mit der ich lange Zeit verbracht habe, sondern mit ihrer Seele.

Zu meinem Menschen bin ich jetzt gekommen, damit sie ihre sogenannte »Schuld« abtragen kann.

Und was hat sie für eine »Schuld« dir gegenüber?

Wir haben uns schon sehr oft gelehrt und uns schon oft geholfen, die verschiedensten Erfahrungen zu machen.

Da ich in den letzten Inkarnationen meines Menschendaseins nur noch ihretwegen in die menschliche Gestalt gekommen bin, konnte ich ihr viele Dinge ermöglichen.

In unserer letzten gemeinsamen Inkarnation hat sie dann »böswillig« meinen Tod verursacht.

Und da ich danach nicht wieder als Mensch geboren werden konnte, trägt sie nun diese Schuld mit sich. Ich bin als Katze zu ihr gekommen, damit sie diese »Schuld« nun abtragen kann.

Und ist ihr das gelungen?

Das ist es bei weitem.

Sie hat sich selbst in einen so großen Leidensdruck versetzt, dass alle »Schuld« jeglicher Leben getilgt ist.

Das ist doch gut, oder?

Mein Mensch wird es vielleicht unterbewusst nicht so sehen, da sie mich ja nicht retten konnte.

Ich war aber einzig aus dem Grund in Gestalt dieser Katze bei ihr, damit sie ihre »Schuld« abtragen kann.

So ist sie nun bereit, ihre Meisterschaft zu erlangen.

Wow. Das habe ich so auch noch nie erlebt.

Siehst du, auch du lernst ständig dazu!

Allerdings!

Kannst du ihr erklären, was es bedeutet seine Meisterschaft zu erlangen?

Eigentlich könntest du das viel besser, weil du sie ja bereits erlangt hast.

Aber es geht hier nicht um dich, ich weiß.

Danke.

Die Meisterschaft zu erlangen bedeutet, dass dies die letzte Inkarnation in Menschenform sein wird. Das bedeutet dass man in diesem Fall nun bereit ist, mit Mutter Erde aufzusteigen.

In anderen Zeiten hat es bedeutet, dass man aufsteigen und im Licht bleiben konnte, oder das man – wie ich – in Gestalt eines Lehrers auf Erden zurückkommen konnte.

Danke dir für diese Ausführung.

Und wie sieht es bei dir aus? Wirst du nochmals auf Mutter Erde zurückkehren?

Das weiß ich, um ehrlich zu sein, noch gar nicht.

Ich weiß nicht, ob ich meinem Menschen nicht viel mehr helfen kann, wenn ich auf dieser anderen Ebene bei ihr bleibe.

Diese Entscheidung ist noch nicht gefallen.

Also gut.

Wenn du in fleischlicher Form auf die Erde zurückkommen würdest, würdest du dann wieder zu diesem Menschen kommen?

Ja, das würde ich. Zu viele Leben verbinden uns, als dass wir nun getrennt werden könnten.

Danke dir für diese Erkenntnisse.

Gerne. Du bist ja so eine Art Geweihte und kannst deshalb sowieso alles erfahren.

Was bin ich? Eine Geweihte?
Erklärst du mir auch, was das bedeutet?

Das bedeutet, dass du nach und nach in die Geheimnisse des Lebens eingeweiht wirst.
Sehr viel steht doch schon in deinem Buch, aber noch lange nicht alles.

Nochmals danke für die Erklärung.

Gerne.

Hat dich bei deinem Menschen etwas gestört? Vielleicht die andere Katze?

Nein keineswegs.
Da ich auf einer ganz anderen Ebene bin und eine ganz andere Verbindung mit meinem Menschen habe und immer hatte, konnte mir kein anderes Tier etwas anhaben oder mich stören. Sie war zwar da, aber im Prinzip nicht mit mir verbunden.

Okay. Kannst du mir noch sagen, warum du nicht länger bleiben konntest?

Weil alles erledigt war. Es wäre nicht sinnvoll gewesen, länger zu bleiben.

Okay. Danke.

Es macht so unendlich viel Spaß, zu lesen, was in diesen Botschaften steht.

Dazu sollte ich erklären, dass ich die Botschaften immer erst als Ganzes lesen kann, wenn ich fertig bin, und sich mir immer erst dann der Inhalt offenbart.

Es geht mir also nicht sehr viel anders als dir, der du dieses Buch gerade in Händen hältst.

Kapitel 3

Die 5. Dimension und der Aufstieg

Wir haben nun schon ab und zu etwas von der 5. Dimension und dem Aufstieg von Mutter Erde gehört.

Was kann man nun darunter verstehen und was hat das alles zu bedeuten?

Da dieses Buch von der Tierwelt, mit mir sozusagen als Ghostwriter, geschrieben wird, möchte ich nun einen neuen Weg einschlagen und direkt den »Rat der Tiere« um eine Antwort auf diese Frage bitten.

26. Juni 2011

Werter »Rat der Tiere«, ich bitte euch, mir und meinen Lesern eine Erklärung dafür zu geben, was es mit der 5. Dimension und dem Aufstieg von Mutter Erde auf sich hat.
Gewährt ihr mir diese Bitte?

Selbstverständlich gewähren wir dir, was du begehrst.

Nicht zuletzt, da es ja der Auftrag dieses Buches ist, die Menschen auf die Zeit danach vorzubereiten.

Um jemanden auf die Zeit »danach« vorzubereiten, sollte man aber erst einmal wissen, was das Jetzt und was das Danach ist.

Beginnen wir also mit dem Jetzt!

Wie ihr bereits in der vorherigen Botschaft erfahren habt, befindet ihr euch in einer sehr dichten und teilweise dunklen Zeit.

Diese Zeit und diese Umstände wurden dazu geschaffen, den Seelen, die ihr seid, die Möglichkeit zu bieten, sich zu erfahren.

In der Göttlichkeit seid ihr alle eins. Daher kommt übrigens auch der Begriff »All-eins sein« oder auch »alleine«.

All-eins sein steht dafür, dass die Seelen in ihrer Urform ein großes Ganzes bilden und keine von der anderen zu unterscheiden und zu trennen ist. Das wurde euch aber auch schon erklärt. Die Seelen im Ursprung sind also »all-eins«.

»Alleine« bedeutet nichts anderes, als dass jede Seele für sich auch »all-eins« ist. Jede Seele ist zwar ein Teil des Ganzen, aber jede Seele für sich ist auch vollkommen.

Vollkommen und rein, wie der Ursprung oder das Göttliche.

Versteht ihr nun den Begriff »alleine«?

Kein Mensch kann also jemals alleine, also einsam sein, denn jeder Mensch birgt eine vollkommene und mit dem Göttlichen verbundene Seele in sich.

Mutter Erde ist nichts anderes als eine weitere Seele aus Gott, die sich dazu bereit erklärt hat, diese schwere und anspruchsvolle Stellung und Aufgabe zu übernehmen.

Ihr Seelen in Menschengestalt habt es, im Vergleich zu Mutter Erde, sehr einfach, denn ihr könnt immer wieder zum Göttlichen zurückkehren und euch neu kalibrieren. Ihr erfahrt immer wieder, wer ihr wirklich seid und warum ihr euch immer wieder freiwillig in die Enge eines menschlichen Körpers begebt.

Um zu lernen und euch selbst zu erfahren.

Mutter Erde dagegen ergeht es etwas anders.

Sie ist vor Jahrmillionen in die euch bekannte Gestalt geschlüpft, um euch diese Erfahrungen zu ermöglichen.

Sie ist und war immer schon mit dem Göttlichen verbunden und hat immer schon gewusst, wie der Lauf der Dinge ist. Nie waren ihr die Zeit und der Raum fremd und nie hat sie die Anbindung zu der Quelle verloren.

Nun aber hat sie lange genug in diesem »Körper« ausgeharrt und es sich redlich verdient, wieder zur Quelle zurückkehren zu dürfen.

Da sie aber nicht einfach so verschwinden kann, da sehr viel Schweres und Dunkles noch auf ihr lastet, bedarf es eurer aller Hilfe.

Jeder Einzelne von euch kann Mutter Erde ein Stück weit helfen, leichter und freier zu werden. Mit jedem Menschen, der an sich und seiner »Schwere« arbeitet, verzeiht und diese Schwere Stück für Stück hinter sich lässt, wird auch Mutter Erde Stück für Stück leichter.

Somit wird ihr Aufstieg in die 5. Dimension ein Kinderspiel.

Je leichter Mutter Erde ist, desto sanfter kann sie den Aufstieg bewältigen.

Mutter Erde wird aufsteigen, soviel ist klar. Das wurde vor Jahrmillionen eurer Zeitrechnung entschieden und festgeschrieben. Ja, das war sogar schon bekannt, noch lange bevor sie ihre jetzige Gestalt annahm.

Ihr seht, dass der Lauf der Dinge und das Schicksal von Mutter Erde schon lange beschlossen sind.

Das ist aber keineswegs ein Grund, nun den Kopf in den Sand zu stecken und vom Weltuntergang zu klagen, der alles Leben hier vernichten wird.

Nein! Das ist nur ein Szenario, das den Mächtigen dabei hilft, euch Menschen klein zu halten, indem sie euch Angst machen.

Angst ist ein sehr bewährtes Mittel der Unterdrückung.

Unterdrückung bedeutet nichts anderes, als dass ein Teil versucht, den anderen hinunterzudrücken, aus Angst, dass dieser selbst groß und stark werden könnte.

»Hinunterdrücken« wie etwa in einem Schwimmbecken. Derjenige der (r)unterdrückt, bleibt oben und hat die Macht über den Unterdrückten.

So werden unter euch Menschen beispielsweise viele Frauen unterdrückt, aus der Angst der Männer oder auch der anderen Frauen heraus, dass diese Frauen zu stark und zu selbstständig werden könnten.

Selbstständige Menschen stehen zu sich selbst und somit zu ihrem göttlichen Anteil in sich, ihrer Seele. Wobei sich das Wort »selbstständig« in diesem Falle nicht auf die Arbeitswelt bezieht, da viele der »selbstständig« für sich arbeitenden Menschen, das Ziel der Göttlichkeit schon lange aus den Augen verloren haben.

Lasst also endlich die Angst hinter euch und beginnt, zu euch selbst zu stehen.

Das kann damit beginnen, dass ihr aussprecht, was eure Wahrheit ist, und dass ihr zu dem steht, was ihr seid – göttliche Wesen.

Je mehr Menschen zu sich selbst stehen und das Göttliche in sich wieder anerkennen, desto leichter wird Mutter Erde und desto schwerer haben es die Mächtigen.

Der Aufstieg in die 5. Dimension bedeutet nichts anderes, als dass Mutter Erde wieder nach Hause gehen darf, zurück zu ihrem Ursprung, wie es auch viele von euch Menschen tun werden.

Der Aufstieg in die Dimension der 5 bedeutet, um euch einen kleinen Einblick zu gewähren, keinesfalls, dass alles vorbei sein wird.

Die Materie wird sich verändern und lichter und heller werden.

Die Schwere, die ihr durch die von euch selbst gewählte »Gefangenschaft« im menschlichen Körper verspürt, wird verschwinden. Ihr werdet alle frei und leicht sein.

Jeder, der sich dazu entscheidet, mit Mutter Erde aufzusteigen, wird dies auch tun.

Das hat aber weniger mit einer bewussten Entscheidung zu tun als vielmehr mit der Entscheidung der Seele.

Das Jetzt steht noch für dunkel und schwer, aber das »Danach« steht für leicht und frei.

Wenn jeder wieder seine Göttlichkeit lebt und zu sich selbst steht, also seine Seele in sich gefunden hat, so bedarf es keiner »bösen« Menschen mehr, die euch auf den Weg in die Göttlichkeit führen.

Jetzt erklingt natürlich wieder ein lautes: »Ja, aber!«

Niemals werden wir euch erklären können, was kommen wird, so dass alle es verstehen.

Aber derjenige, der verstehen möchte, möge sein Herz öffnen und darin die Wahrheit finden.

Die Dimension der 5 steht also für Leichtigkeit, Licht und allumfassende Liebe.

Ist das etwas, vor dem wir uns fürchten müssten?

NEIN!

Es wird das Schönste sein, was euch jemals bewusst wiederfahren ist, seit ihr euch von eurer göttlichen Seele und der Quelle entfernt habt!

Nun haben wir euch genug berichtet für den jetzigen Zeitpunkt.

Ich danke euch von Herz zu Herz werter »Rat der Tiere«.

Tiere nach dem Aufstieg

Aber was, wenn die Tiere nun wirklich »aufgestiegene Meister« sind und nur hier sind, um uns zu lehren und uns zu helfen, in unsere Göttlichkeit zu finden?

Die logische Frage wäre dann: »Brauchen wir denn in der 5. Dimension noch die Tiere?«

Die einzig richtige Antwort wäre vermutlich: »Nein. Wir brauchen die Tiere nicht mehr.«

Das war eine Erkenntnis, die mir unendlich viel Angst bereitet hat. Wie könnte ich ein Leben ohne die Tiere führen?

Unvorstellbar! Ein Leben ohne Tiere könnte ich mir nicht einmal in meinem schlimmsten Albtraum vorstellen.

Glücklicherweise sind auch hier die Tiere da, um eine Erklärung zu liefern.

Schon vor einiger Zeit bekam ich die Antwort auf diese Frage.

Lest selbst:

Es ist nun an der Zeit, dass ihr Menschen viel mehr darüber erfahrt.

Aber warum? Warum ist es jetzt auf einmal wichtig und gewollt, dass wir das alles wissen sollen?

Weil die Zeit sich ändert. Es wird jetzt immer mehr Zeit, dass ihr Menschen anfangt, euer Leben in die eigenen Hände zu nehmen. Bisher konn-

ten wir Tiere gute Dienste leisten, aber die Zeit wird schneller und intensiver und es wird dringend Zeit, dass ihr lernt, euch selbst zu lenken und auch selbst aufzufangen. Wir können euch noch eine gewisse Zeit unterstützen, aber dann werden wir nach Hause gehen und dort leben wir dann als freie und gleichgestellte Partner mit den Menschen, die auch in die 5. Dimension wechseln werden.

Dann sind wir Menschen also auf uns alleine gestellt?

So kann man das sagen. Wir Tiere fallen dann jedenfalls als Hilfestellung weg. Wir werden weiterhin viel Spaß und Freude miteinander haben, aber wir können euch dann nicht mehr in diesem Maße helfen, wie wir es jetzt noch tun. Wir können euch dann Hinweise geben und euch sanft leiten, aber helfen im eigentlichen Sinne können wir dann nicht mehr.

Deshalb ist es mir und uns allen jetzt so dringlich, mit euch Menschen in Kontakt zu treten. Aus diesem Grund ergaben sich diese vielen »Zufälle«, die dich ins Fernsehen gebracht und dir die vielen Tiere zugeführt haben. Darum drängen wir nun alle darauf, dass du noch diesen Monat dein Buch anfängst und beendest. Nur deshalb wird gerade so viel Druck auf dich ausgeübt, damit du weißt, wie dringend und drängend es ist.

Ich bitte dich, folge der Aufforderung, denn wir Tiere müssten sonst mit sehr bangen Herzen auf den Werdegang von euch Menschen schauen.

Ihr müsst lernen, selbst zu stehen und zu gehen. Dann kommt ihr selbst zu eurer wahren Form und eurem wahren Wesen zurück.

Dann benötigt ihr uns nicht mehr.

Dann werden wir vollkommen aus freien Stücken und absolut selbstbestimmt mit euch Menschen leben. Dann wird es keine Koordinationsstelle mehr geben. Ihr Menschen und wir Tiere werden dann von selbst zueinander finden, wenn es sein soll.

Du, Barbara, bist schon ein ganzes Stück in der 5. Dimension verankert und deshalb hat dich jetzt auch dein Pferd Paul gefunden. Er kam nicht über die Koordinationsstelle zu dir. Er hat es selbst gewählt und veranlasst.

Dann ist Paul auch nicht da, um mir zu helfen?

In gewisser Weise schon. Er ist schon da, um dir zu helfen, aber nicht weil du dringend Hilfe benötigen würdest und deshalb eine freie Stelle von der Koordination ausgeschrieben wurde, sondern weil er es so wollte. Er wird dir helfen und zwar sehr, aber er wird dir auf anderer Ebene helfen. Es basiert vollkommen auf freier Basis und Paul hat absolut freie Hand. Er muss sich an keine Vorgaben halten und kann einfach seinem Herzen folgen. Es ist einfach eine andere Ebene und eine vollkommen andere Basis.

Was wir Tiere bisher bei euch Menschen hatten, war wie eine Art »Arbeitsverhältnis«. Die Koordination hat uns beauftragt, zu euch zu kommen, und das auch arrangiert. Wie wenn ihr euch bei einer Arbeitsvermittlung meldet und werdet dann als, sagen wir einmal Haushaltshilfe, zu einem fremden Menschen geschickt, der allerdings nichts davon weiß. Wenn ihr Glück habt, dann ist er gut zu euch und sorgt sich um euch und erkennt an, was ihr für ihn tut. Er wird vielleicht wohl merken, dass sein Leben leichter wird, da ihr ihm helft, aber er weiß nicht wie und er weiß oft nicht warum sein Leben sich verändert hat. Manchmal bekommt ihr seine üble Laune ab und könnt oder dürft euch nicht wehren, da ihr ja schließlich in seinem Dienste steht. Verstehst du?

Ich verstehe.

Gut. Jetzt kommt aber folgende Situation. Mit einem Schlag werden alle »Arbeitsverhältnisse« gekündigt. Alle Tiere sind von jetzt auf sofort »frei« und können frei darüber entscheiden, wohin sie gehen und was sie tun. Wir Tiere beherrschen die Kosmischen Gesetze sehr gut und wenn wir weg von der alten Stelle möchten, dann können wir das sehr schnell erreichen. Wenn wir uns entscheiden, bei unseren »alten« Menschen zu bleiben, dann werden wir das freiwillig tun. Die Verhältnisse werden sich ändern und wir werden alle die gleiche Stellung haben. Das Arbeitsverhältnis wird gelöst und ihr Menschen dürft lernen, selbst für euren Haushalt, um das obige Beispiel aufzugreifen, zu sorgen.

Verstehst du auch das?

Auch das verstehe ich.

Dann verstehst du auch, wie Paul zu dir gekommen ist?

Durch seinen freien Willen und weil wir beide schon sehr weit in der 5. Dimension sind?

Genau. Du bist schon fest in der 5. Dimension verankert und Paul hat sich entschieden, zu dir zu kommen, aus freien Stücken. Ihr könnt den Weg nun zusammen gehen, zusammen wachsen und euch gegenseitig helfen.

Das war wieder der Punkt, an dem ich einfach nur heulend vor dem Blatt Papier saß, auf dem dies geschrieben steht, und nicht so recht wusste, wie mir geschieht.

Paul, mein gescheckter Pferdefreund, hat sich entschieden, aus freien Stücken zu mir zu kommen. Einfach, weil er es wollte.

Kann es ein größeres Kompliment geben?

Ich glaube nicht!

Und ihr könnt mir glauben, dass die Verbindung zu Paul eine vollkommen andere ist als die zu jedem anderen Tier, das jemals bei mir war.

Beschreiben kann ich das nicht, aber jeder von euch wird es früher oder später erleben.

Mona und Tom »müssen« bei mir sein.

Ich bin immer bemüht, ihnen ein guter »Arbeitgeber« zu sein und ihre Arbeit und ihre Dienste aus ganzem Herzen anzuerkennen und zu würdigen.

Aber gelingt mir das immer? Sehe ich immer all das, was sie für mich tun?

Ich befürchte nicht.

Selbst ich weiß nicht, ob Tom und Mona sich nach dem Aufstieg dazu entscheiden, freiwillig bei Uwe und mir zu bleiben.

Aber ich hoffe es aus tiefstem Herzen.

Dann wird es jetzt wohl Zeit, dass ich mich bei dir melde.

Tom? Bist du das?

Selbstverständlich bin ich das.

Mona und ich haben uns abgesprochen und ich werde nun für uns beide sprechen.

Wir erkennen deine Bemühungen, uns unsere Arbeit so leicht wie möglich zu machen an, und wissen auch, dass du die »Fehler«, die du nur noch selten machst, nie bewusst und mit Absicht machen würdest.

Wir wissen beide, dass du gerade eine sehr große Belastung auf deinen Schultern trägst und dass du dich nur auf die eine Sache, nämlich dein Buch, konzentrieren kannst.

Deshalb stecken wir gerade gerne zurück, da wir wissen, welch unendlich wichtige Bedeutung dieses Buch für dich und für die Menschen haben wird.

Mona hat beschlossen, nicht mehr so viel zu fordern und ich, naja, ich bin einfach weiter ich.

Hast du denn Mona schon jemals so ruhig und unfordernd erlebt? Sie kommt immer wieder einmal zu dir und stupst dich an, aber ansonsten lässt sie dir deine Ruhe.

Ich komme nur, wenn ich spüre, dass es absolut bei dir hängt oder deine Batterie leer ist.

Es wurde so arrangiert, dass Paul gerade jetzt seine Globuli fast täglich bekommen muss und du somit gezwungen bist, zu ihm zu fahren.

Mona darf mit und bekommt dort ihre Bewegung.

Und ich habe eine kleine Pause.

Nun zu der Frage, ob wir auch nach dem Aufstieg bei dir und Uwe bleiben werden.

Sei beruhigt.

Wir bleiben selbstverständlich sehr gerne, aus freiem Willen und mit voller Absicht.

Das ist unser Geschenk an dich.

Ich danke euch beiden aus tiefstem Herzen und von Herz zu Herz.

Ihr könntet mir kein schöneres Geschenk machen.

Gerne.

Nur darfst du jetzt nicht nachlässig werden im Versuch, unsere Botschaften zu verstehen.

Das musst du versprechen.

Das verspreche ich gerne.

Kapitel 4

Leben und Sterben

Nachdem wir nun so viel über das Leben der Tiere, ihre Aufgaben und ihr Fortbestehen in der Zeit erfahren haben, möchte ich jetzt zum Thema Leben danach kommen.

Dieses Mal meine ich nicht das Leben nach dem Aufstieg, sondern das Leben nach dem Leben auf Mutter Erde im tierischen Körper.

Ich spreche sehr viel und auch wirklich gerne mit verstorbenen Tieren, da die Botschaften von diesen Tieren meist viel feiner und oft einfach bombastisch sind.

Vier Jahreszeiten des Lebens

Dieses Kapitel möchte ich allerdings beginnen mit einem Gespräch von der durchaus lebendigen und lebenden Rolanda.

Rolanda ist eine tolle Welsh-Araber-Stute, die mit ihren 27 Jahren schon einige Erfahrungen sammeln konnte.

Rolanda hat seit etwa 15 Jahren schwere Arthrose in den Vorderbeinen.

Am 19. Mai 2011 konnte Rolanda kaum noch gehen und stehen und die beiden Besitzerinnen fragten sich, ob sie sie erlösen sollten.

»Zufällig« sah mich Stefanie, die ich vor 4 Jahren kennengelernt hatte, im Fernsehen und beschloss, Rolanda selbst zu fragen, ob sie gehen oder bleiben wolle.

Das Gespräch, das dabei herauskam, überwältigte mich sehr.

Rolanda gibt uns Einblicke in den Zyklus des Lebens.

Aber lest selbst.

Hallo Rolanda. Mein Name ist Barbara. Deine Menschenfreundin Steffi hat mich gebeten, mit dir zu sprechen. Ist das in Ordnung für dich?

Natürlich ist es das.

Das freut mich. Ist es denn okay, dass ich Rolanda zu dir sage, oder möchtest du lieber Roli genannt werden?

Nein. Ich bevorzuge jetzt gerade eindeutig Rolanda. Ich weiß um die Wichtigkeit dieses Gesprächs und deshalb wäre es sicherlich besser, den förmlicheren Namen zu benutzen.

Das hatte ich irgendwie schon im Gefühl.

Ich weiß. Aber wir müssen das ja noch formhalber klären, nicht wahr?

Genauso ist es.

Wie geht es dir denn, Rolanda?

Schlecht. Das weißt du aber auch. Sonst würdest du heute nicht mit mir sprechen, oder?

In diesem Fall hast du Recht.

Inwiefern geht es dir schlecht? Hast du Schmerzen?

Nicht nur das. Ich fühle mich matt und erschlagen. Irgendwie ist nicht mehr das alte Feuer in mir, das ich einmal hatte.

Und ist das in letzter Zeit besonders schlimm?

Das kann man nicht sagen. Ich bin schon lange nicht mehr die junge Stute, die ich einst war. Weißt du, ich bin schon lange krank. Aber bisher hatte ich es immer ganz gut unter Kontrolle.

Und jetzt? Hast du die Kontrolle verloren?

Ich weiß nicht so recht, wie ich es dir beschreiben soll.
Etwas hat sich verändert.

Kannst du mir beschreiben was?

Das versuche ich gerne. Aber noch fehlen mir die Worte.

Lass dir bitte Zeit.

Das tue ich auch.

Gut. Soll ich dich in Ruhe lassen, bis du die passenden Worte gefunden hast, oder sollen wir solange weiter reden?

Sprich bitte erst einmal weiter. Ich werde es schon erzählen können, wenn ich die passenden Begriffe gefunden habe.

Also gut. Du weißt also, dass wir uns unterhalten, weil es dir schlecht geht.
Weißt du auch, warum genau wir hier und heute sprechen?

Ja, das weiß ich sehr wohl. Ich fühle den großen Schmerz, den meine Menschen verspüren, wenn sie bei mir sind und mich so sehen. Ich weiß sehr wohl, dass sie sehr kämpfen müssen, um nicht immer nur in Tränen auszubrechen, wenn sie mich scheinbar nur leiden sehen.

Ich weiß auch, dass sie sich von mir heute eine Entscheidung erhoffen oder gar erwarten. Eine Entscheidung über mein Leben.

Sie möchten gerne die Last von ihren Schultern genommen haben und sie möchten, dass ich sage: »Tod oder Leben.«

Als ob es nichts anderes geben würde. Aber es gibt doch so viel mehr.

Rolanda, würdest du mir das bitte erklären? Ich verstehe ausnahmsweise selbst nicht, was du damit meinst.
Was meinst du, gibt es noch außer Leben oder Tod?

Das weißt du wirklich nicht, nicht wahr?

Nein. Ich weiß es wirklich nicht. Ich habe schon sehr viel von euch lernen dürfen, aber ich lerne mit jedem Gespräch mehr und ich entwickle mich immer weiter. Möchtest du mir heute auch helfen, indem du mir erklärst, was du meinst?

Natürlich. Für euch Menschen gibt es nur Leben oder Tod. Das bedeutet soviel wie: Entweder bin ich in einem funktionierenden Körper und kann diesen bewegen, benutzen, kann gehen und mich bewegen, kann essen und trinken. Dann lebe ich. Oder ich kann das alles nicht mehr. Dann atmet mein Körper nicht mehr und ich kann all diese Dinge nicht mehr machen. Dann bin ich tot. Das sind eure Begrifflichkeiten. Ist das richtig so?

Das stimmt. So kennen wir es und so leben wir.

Alles klar. Das wusste ich.

Bei uns Tieren ist es anders und ich werde es dir gleich erklären. Es gibt verschiedene Phasen in unserem Leben. Es gibt die Zeit in unserer Mutter. Viele von uns Tieren bekommen das schon sehr bewusst mit.

Dann gibt es die Zeit der Jugend und der Anpassung für uns mit euch Menschen lebenden Tieren. Wir lernen euch kennen und lernen unsere Aufgabe und unseren Lebensweg kennen.

Darf ich eine Zwischenfrage stellen?

Natürlich. Du sollst es ja verstehen, damit du es später immer wieder den Menschen erklären kannst.

Danke dir. Du sagst, dass ihr Tiere in eurer Jugend schon euren Lebensweg kennen lernt? Bedeutet das, dass ihr schon früh erfahrt, in welche Richtung euch euer Leben führt und wie es ablaufen wird?

Nicht so ganz, aber fast. Dadurch, dass wir unsere Aufgabe kennenlernen, können wir schon vage erahnen, wie sich unser Lebensweg entwickeln wird. Manche Tiere bekommen schon eine sehr genaue Vorstellung, in welche Richtung es geht. Andere bleiben weiter ahnungslos. Manche wissen tatsächlich immer erst, was kommen wird und was passiert, wenn es soweit ist.

Und du wusstest es schon von Anfang an?

Ich konnte so einiges erahnen.

Und wie erfahrt ihr eure Lebensaufgabe?

Wir bekommen sehr viel erklärt. Wir sind sehr mit Mutter Erde verbunden und wissen weit mehr über Raum und Zeit, über Leben und Sterben als ihr. Wir Tiere sind viel weisere Wesen, als ihr euch vorstellen könnt. Weißt du, Barbara, Wissen lernt man nicht in einer Schule. Wissen erwirbt man, indem man in sich hört. Indem man auf Mutter Natur und Mutter Erde hört. So erwirbt man wahres Wissen.

Okay. Ich danke dir für diese Ausführung.

Gerne.

Das ist also, ich würde mal sagen, der Frühling. Wir reifen heran und lernen sehr viel. Wir lernen die Dinge, die wichtig für uns sind und auch die, die wichtig für euch sind. Wir lernen weit mehr als ihr in dieser Zeit des Heranwachsens und der Reifung.

Das ist die Zeit, in der wir auch meist unsere kindliche Ader voll ausleben können und in der wir lernen, immer mehr in unsere Mitte zu kommen.

Dann kommt der Sommer. Das ist die Zeit der Reife und der Meisterschaft. Das ist die Zeit, in der wir sehr viel wissen und können und in der wir dazu da sind, euch Menschen zu führen und euch voll zu helfen. In dieser Zeit sind wir meist fast nur noch für unsere Menschen da.

Die Zeit unseres Frühlings ist eine Zeit für uns. In dieser Zeit dreht sich sehr viel um uns und unsere Reifung. Im Sommer dagegen sind wir voll ausgereift und sind dann da, um euch an unserem erworbenen Wissen teilhaben zu lassen. Wir sind nun für euch da, um euch zu leiten und zu unterstützen. Meist wisst ihr das nicht und das ist sowohl gut so als auch gewollt.

Würdet ihr das alles wissen, so könnten wir euch nicht mehr optimal unterstützen.

Dann kommt die Zeit, in der wir, sagen wir mal, in den Herbst gehen.

In dieser Zeit geht es wieder etwas mehr um uns.

In dieser Zeit haben wir die Möglichkeit, nochmals für uns selbst zu reflektieren, ob wir unsere Aufgabe gut erledigt haben und ob alles so gelaufen ist, wie es gewollt war. Das ist eine Zeit der Reflektion und der Erkenntnis. Das brauchen wir, um noch reiner und weiser zu werden. Man könnte sogar sagen, dass das die Zeit der Reinigung ist. In diesem

Abschnitt unseres Erdenlebens reinigen wir wieder unsere Seele. All die Last und die erledigten Aufgaben unseres Hier-seins können reflektiert und erörtert werden. Wir denken über die Zeit nach und wie alles gelaufen ist.

Und was ist dann der Winter?

Der Winter ist die Zeit, in der wir vollkommen bereit sind, unseren gereinigten und reinen Körper abzulegen und in der wir das auch meist von ganz alleine tun. Der Winter ist eine genauso schöne Zeit für uns Tiere wie jede andere Zeit in unserem Hier-sein. Der Winter ist eine Zeit der Erlösung und des Friedens. Im Winter haben wir alles abgelegt, was uns am Gehen hindern könnte und an was wir schwer getragen haben. Der Winter ist klar und rein und kann manchmal auch ein Weilchen dauern.

Kann man dann sagen, dass der Winter die Zeit ist, die wir Tod nennen?

Nein. Das ist die Zeit vor dem Tod. Ihr würdet es die Zeit des Sterbens nennen.

Ich danke dir von Herzen für diese wundervolle Ausführung. Und in welcher Phase befindest du dich gerade?

Ich bin noch im Herbst. Ich bin in der Zeit, in der ich rein werde. Ich lege alle alten »Lasten« ab und ich bin dabei, mich zu bereinigen.

Ich bin in der Zeit, in der ich zur Ruhe komme und in der ich mir meiner wieder gewahr werde. Ich bin in der Zeit, in der ich mein Leben Revue passieren lasse und in der ich in meine Mitte komme.

Das ist auch das, was du am Anfang gefühlt hast. Du hattest ein Gefühl der Ruhe und des Friedens. Ein Gefühl der Mitte und der Schwere, aber der angenehmen Schwere.

Ja, das hatte ich und das habe ich immer noch. Ich habe auch sehr schwere Beine und fühle mich sehr mit Mutter Erde verbunden.

Das ist richtig. Das hat auch mit dem Herbst zu tun. Wir kommen wieder zurück zu unseren Wurzeln. Wir finden wieder sehr intensiv die

Verbindung zu Mutter Erde und wir fangen an runterzufahren, wie ihr sagen würdet. Unser ganzes System fängt an, ruhiger und langsamer zu werden, und wir kommen immer weiter zur Mitte. Nicht nur zu unserer Mitte, sondern auch zum Zentrum der Kraft und der Energie.

Wir scheinen nach außen hin viel ruhiger und manchmal auch schwächer zu sein, aber in Wirklichkeit werden wir hier auf eine bestimmte Weise sehr viel stärker und energiegeladener. Nur ihr nehmt es meist nicht wahr.

Das ist eine Zeit des großen Wandels.

In unserem Frühjahr findet ein ebenso großer Wandel statt. Nur da nehmt ihr es deutlich wahr. Wir reifen und werden erwachsen. Und jetzt im Herbst reifen wir wieder.

Aber für euch Menschen ist das kein Reifen, sondern eher ein Kümmern. Manche würden sagen ein Verkümmern, andere würden es als ein Dahinkümmern bezeichnen. Aber es ist eine Zeit des Wachstums. Jetzt wächst unsere Seele. Sie wächst wieder zu ihrer vollen Größe und zu ihrer vollen Schönheit. Sie bereitet sich auf den Winter vor und dann auf die neue Zeit in einem neuen Körper.

Sag mir bitte, Rolanda, durchläuft jedes Tier diese Phasen?

Nein. Vielen Tieren wird ein Teil einer Zeit genommen. Meist wird uns ein großer Teil des Winters genommen. Oder der Herbst wird so dermaßen beeinträchtigt, dass wir ihn nicht durchleben können.

Für manche Tiere ist es auch wichtig, schon sehr früh zu gehen. Die meisten wissen es ja.

Und sie bereiten sich darauf vor.

So kann es sein, dass ein sehr junges Tier, das gerade mal im Frühjahr steht, direkt in den verkürzten Herbst und manchmal sogar fast gleich in den Winter wechseln muss. Der Sommer fällt hier also fast weg. Ein »Jahr« kann auch in wenigen Tagen ablaufen. Ein Tier kann geboren werden und in der Zeit im Bauch seiner Mutter schon das komplette Frühjahr durchlebt haben. Es kommt in diese Welt und fällt direkt in den Sommer, nur um dann Tage oder Stunden später in Herbst und Winter zu gelangen.

Es gibt also keine bestimmte Zeit, wie lange und wann wir in welcher Zeit verweilen werden.

Es gibt Tiere, die alle Zeiten schon im Bauch ihrer Mutter durchleben und dann »tot« zur Welt kommen.

Ich danke dir aus tiefstem Herzen für diese Ausführungen. Du hast mir wieder ein großes Stück eures Weges und eures Seins erklärt.

Kann es sein, dass du mit dieser Erklärung auch die Worte gefunden hast, die du anfangs gesucht hast?

Ja, so in etwa. Das alte Feuer war mein Sommer und natürlich auch der Frühling. Jetzt ist das Feuer erloschen und es wird ruhig und friedlich. Aber man kann das einem Menschen nur sehr schwer beschreiben. Und kaum einer nimmt sich die Zeit, diese ganze Erklärung in Erfahrung zu bringen. Wie sollte ich dir sagen, dass ich im Herbst bin und so langsam in den Winter gehe?

Weißt du, ich habe schon oft mitbekommen, wie Tiere gefragt wurden: »Willst du leben oder sterben?« Wie soll man darauf eine Antwort geben, wenn jemand nicht bereit ist, die ganzen Zeiten zu verstehen?

Viele Tiere sagen dann: »Lass mich einfach sterben.«, bevor sie versuchen, sich die Mühe zu machen, einem Menschen, der es nicht hören möchte, den Lauf des Lebens zu erklären. Deshalb bin ich sehr froh und dankbar, dass deine Ausbildung so gut vorangeschritten ist und du nun doch schon so weise geworden bist.

Viel wurde dir schon erklärt und viel hast du erst einmal nicht verstanden. Aber so langsam fügt sich alles in ein großes Ganzes. Das weiß ich.

Du hast den Wandel der Zeiten verstanden und auch meine Menschen verstehen ihn dank deiner guten Übersetzung. Wie sie nun handeln sollen, kann ihnen niemand abnehmen.

Das stimmt.

Darf ich dennoch versuchen zu helfen?

Versuche es. Ich werde dich nötigenfalls korrigieren.

Du sagst also, du bist im Herbst auf der Schwelle zum Winter. Richtig?

Richtig.

Gut. Du hast mir erklärt, dass ein Tier normalerweise im Winter von selbst seinen Körper ablegt und ihn verlässt. Stimmt das auch?

Auch das stimmt.

Gut. Würde das dann bedeuten, dass du noch nicht wirklich bereit bist zu gehen? Würde das dann bedeuten, dass du entweder von selbst deinen Körper verlassen wirst, wenn es Zeit ist, oder dass du deinen Menschen sehr klar zeigst, dass sie eingreifen können und dürfen und dass du bereit bist zu gehen?

Jetzt sind wir an dem Punkt, an dem du weißt, wie das Spiel läuft. Aber ich kann meinen Menschen nicht die Handlungsfreiheit nehmen. Du hast klar erkannt, dass ich noch im Herbst bin. Du hast meinen Erläuterungen gut gelauscht und hast sie verstanden.

*Aber wie könnte ich meinen Menschen sagen, sie sollen Schmerzen empfinden, wenn sie mich sehen? Wie kann ich wissen, inwieweit **meine** Menschen wirklich verstanden haben, was diese Zeiten für uns Tiere bedeuten? Wie kann ich verlangen, dass meine Menschen mich scheinbar leiden sehen?*

Es ist, denke ich, keine Frage des Verlangens, sondern eine Frage des Verstehens.

Das ist richtig. Und wenn meine Menschen deine Ausführung verstanden haben und auch verstanden haben, in welcher Phase ich bin, dann wissen sie auch, was zu tun ist.

Und darf ich es aussprechen?

Du kannst es aussprechen. Natürlich. Aber ich werde es hier und jetzt nicht tun.

Gut. Dann danke ich dir.

Wenn ich im Abschluss ausspreche, was ich fühle, wirst du dann deinen Menschen klar zu verstehen geben, wann der nächste Schritt an der Reihe ist?

Normalerweise schon. Aber wie ich dir schon sagte, weiß ich nicht, ob meine Menschen mit den Anfeindungen von anderen zurecht kommen können. Denn es gibt immer genug Menschen, die diejenigen unter euch, die unsere Zeit respektieren, als Tierquäler und dergleichen beschimpfen. Ich bin also auch nicht böse, wenn meine Menschen dem scheinbar äußeren Druck gehorchen und tun, was sie tun müssen.

Aber wenn sie meine Zeit respektieren, dann werde ich es sie wissen lassen, und wenn meine Menschen nicht verstehen sollten, was ich meine, dann werde ich es dich wissen lassen. Kannst du damit leben?

Ich kann damit leben. Und ich danke dir, dass du mich fragst und mir somit die Wahlmöglichkeit lässt. Aber ich werde auch dann gerne für dich da sein.

Das weiß ich. Dann danke ich dir und ich möchte dich bitten, meinen Menschen ganz klar auszurichten, dass ich sie sehr liebe und schätze, egal welche Entscheidung sie treffen werden. Ich könnte den beiden gar nicht böse sein und ich werde sie immer in meinem Herzen tragen.

Ich danke dir für deine Ausführung und ich danke dir für deine klaren Worte.

Und ich danke dir, dass du nun so rein geworden bist, um diese Botschaften zu empfangen, und ich danke dir von allen Tieren, dass du bereit warst, die scheinbare Schmach im Fernsehen auf dich zu nehmen.

Das habe ich, unter dem Aspekt, gerne gemacht.

Ich wünsche dir alles Gute und Liebe und viel Kraft und wenig Schmerzen auf deinem Weg.

Ich danke dir für deine Zeit und dieses wundervolle Gespräch.

Gerne. Ich danke und wünsche dir auf deinem Weg viel Licht und Kraft.

Die beiden Besitzerinnen von Rolanda haben ihren Wunsch respektiert und ihr die nötige Zeit eingeräumt.

Rolanda hat sich nach diesem Gespräch stark gewandelt.

Sie wurde fitter, trabte während oder kurz nach dem Gespräch das erste Mal seit langer Zeit von der Koppel und fordert seither mehr Bewegung.

Auch mochte sie früher nicht gerne gestreichelt werden. Jetzt fordert sie Nähe und Zuneigung ein.

Rolanda zeigt ihre Dankbarkeit extrem.

Ich habe sie wenige Tage nach dem Gespräch besucht und wurde fast zu Tränen gerührt, als sie ihren schweren Kopf in meine Hand schmiegte, als wollte sie mir danken.

Das sind die schönsten Momente im Leben einer Tierkommunikatorin.

Wenn ich sehe, dass ich etwas bewegen kann, und wenn ich einem Tier und dessen Menschen helfen darf.

Alleine für Rolandas weiteres Leben hat sich der Auftritt im Fernsehen schon gelohnt.

Sterbehilfe

Thyson, der schon zweimal zu Wort gekommen ist, hat auch etwas über das Sterben erzählt.

Lassen wir ihn wieder sprechen.

Diese Kommunikation entstand am Tage seines Einschläferns.

Hat das etwas mit dem heutigen Tag und deinem »Gehen« zu tun?

Nein. Es ist vollkommen in Ordnung, dass ich heute meinen Körper verlasse. Es war weder ein Hilferuf noch die Anzettelung eines Befreiungsschlages, wie du vielleicht befürchtet hattest, bevor du mein Foto hattest.

Es ist alles so gekommen, wie es gedacht war, und meinen Körper habe ich schon vor einiger Zeit angefangen zu verlassen.

Kannst du mir das etwas genauer erklären?

Natürlich. Es geht mir körperlich schon seit einiger Zeit schlecht. Ich wurde von innen heraus zerfressen und wurde immer schwächer und kränker. Ich bat schon lange darum, meinen Körper verlassen zu dürfen, aber es war wohl noch nicht Zeit dafür. Als sich meine letzten Menschen nun also dazu entschlossen, mich zu erlösen, war ich erst einmal dankbar und erleichtert. Und dann konnte ich anfangen, mich zu verabschieden. Ich verabschiedete mich von allen guten und lieben Plätzen, von meinen Menschen, auch denen aus alter Zeit, und von allen tierischen Freunden, die ich habe. Ich wusste ja genau, wann es so weit sein sollte, und so konnte ich alles genau planen und genau die richtige Zeit wählen. Von meinen Menschen habe ich mich diese Woche in der Hauptsache verabschiedet. Es war ganz interessant, mal im Rückblick meinen Lebensweg mit all den vielen Aufgaben zu betrachten.

Je mehr Menschen und Dinge es gab, von denen ich mich verabschiedete, desto weiter habe ich schon meinen Körper verlassen. Heute war ich also fast nur noch eine leere Hülle, wie ihr sagen würdet. Es war vollkommen in Ordnung und es war eine absolute Erleichterung.

Das beruhigt mich sehr.

Wie man aus Thysons Erklärung entnehmen kann, ist das Sterben an und für sich nicht unbedingt ein Akt von Sekunden.

Ist das Sterben »angekündigt«, so können sich die Tiere darauf vorbereiten, sich von ihren Freunden, ihren Menschen und von Orten, die sie gerne hatten, zu verabschieden.

Sterben wird nur von uns Menschen als wirklich schlimm und teilweise »gnadenlos« angesehen.

Viele Tiere sind dankbar, wenn sie ihre alten und kranken Körper verlassen dürfen und endlich wieder nach Hause gehen können.

Allerdings scheint das Verlassen des Körpers von alleine, also das natürliche Sterben, einen anderen Stellenwert für die Tiere zu haben als das Eingeschläfertwerden.

Filou, ein sehr weiser Hund mit einer alten Seele hat seinen Menschen darüber Folgendes erklärt.

––––––––––––

Wie ist es denn mit dem Nachhausegehen? Wie möchtest du gehen? Sollen deine Menschen den Tierarzt rufen, wenn sie merken, dass es nicht mehr geht, oder wie möchtest du das haben?

Möchtest du nun wirklich meine ehrliche Meinung hören oder möchtest du wissen, was ich für meine Menschen tun würde.

Mich würde beides interessieren.

Dann fange ich mit der Version für meine Menschen an.
Ich weiß, dass es ein längerer Weg werden könnte, und dieser Weg auch mit scheinbarem Leid verknüpft ist. Dennoch wäre diese Erfahrung für mich zu machen noch eine sehr wertvolle. Aber wenn ich dabei an meine Menschen denke, dann würde ich mich für den Tierarzt entscheiden. Damit würde ihnen eine etwas unangenehmere Zeit erspart bleiben und sie hätten schneller wieder ihren Frieden.

Und die Version für dich und nur für dich?

Also wenn es nach mir gehen sollte, dann würde ich mich eindeutig für die längere Erfahrung entscheiden. Jedes Tier möchte diesen Weg sehr bewusst wählen und auch in seinem Tempo gehen. Ich würde gerne bis zum Schluss bei vollem Bewusstsein bleiben und auch den Übergang sehr bewusst mitbekommen. Es gibt nichts Schöneres, als aus eigenen Stücken zu sterben und diesen Körper ganz langsam und Stück für Stück zu verlassen. Und das Stück-für-Stück-Verlassen dauert eben nun manchmal Wochen. Aber unsere Seele bleibt heil. Das ist auch der einzige Grund, warum es Euthanasie bei euch Menschen noch kaum gibt. Ihr seid selten stark genug, um danach eure Seele wieder zusammenzufinden. Wenn man im Sterbeprozess ist und man darin unterbrochen wird, dann wird die Seele ein Stück weit zerrissen. Es kommt immer darauf an, in welchem Stadium man sich gerade befindet. Und wenn man den Zeitpunkt des Todes selbst wählen kann, dann bleibt die Seele heil. Aber das haben die Menschen im Griff. Ich bin nun auch stark genug, meine Seele wieder zu heilen, falls meine Menschen sich zur Euthanasie entschließen sollten. Ich überlasse das ganz ihnen. Sie haben meinen Standpunkt gehört und können nun nach ihren Kräften entscheiden.

Hier danke auch ich dir mal wieder für diesen Einblick. Das war wieder eine auch für mich sehr wertvolle Erkenntnis.

———————————

Wenn Tiere es sich also aussuchen könnten, dann würden sie lieber leiden, eben weil sie sich dieses Leiden selbst gewählt haben, als vorschnell erlöst zu werden.

Dass dies für uns Menschen nun alles andere als einfach ist, weiß ich selbst mehr als genug.

Ein Tier leiden zu sehen ist für uns Menschen oft schlimmer, als selbst zu leiden.

Wenn ein Mensch schwer krank ist, dann ist das eben sein Weg.

Ein Tier dagegen können wir erlösen und uns selbst dadurch viel Leid ersparen.

Jeder sollte in sein Herz hören und auf die Stimme in seinem Herzen lauschen, ob sein Tier erlöst werden möchte, oder ob es nur ein Erlösen der eigenen Seelenqualen ist.

Jeder der unschlüssig ist, kann entweder auf die Zeichen der Tiere achten oder Menschen wie mich fragen.

Natürlich kann weder ich noch ein Kollege oder eine Kollegin von mir eine Entscheidung abnehmen, aber wir können sie vielleicht erleichtern.

Rolandas Beispiel hat mir sehr genau gezeigt, wie wertvoll es ist, das Tier zu Wort kommen zu lassen.

Die beiden Besitzerinnen haben sehnsüchtig auf ein Zeichen Rolandas gewartet, das ihnen deutlich gezeigt hätte, dass sie gehen möchte.

Rolanda gab aber kein Zeichen.

Ich bin jedem Menschen äußerst dankbar, der sein Tier nach seinem Willen fragt.

Welcher Weg danach eingeschlagen wird, steht jedem selbst frei.

Ich weiß von unzähligen Tierkommunikationen, dass die Tiere uns auch verzeihen, wenn wir es nicht länger aushalten und sie schlussendlich erlösen lassen.

So war mein geliebter Hundefreund Benni, mein Engel in Bedlington-Terrier-Gestalt, so gnädig und hat mich gebeten, ihn gehen zu lassen.

Allerdings auch nicht über die Spritze beim Tierarzt, sondern durch die Tatsache, dass ich ihn freigeben und meine Absichtserklärung an den »Rat der Tiere« abgebe, mit der Bitte, Benni gehen zu lassen.

Hier kommt das Gespräch mit Benni vom 1. Dezember 2010:

———————————

Wie der »Rat der Tiere« dir bereits mitgeteilt hat, war es meine Aufgabe, dich zu beschützen.

Ach Barbara. Ich wusste doch immer schon, was du für eine wichtige Rolle spielen würdest, und ich nahm diese Aufgabe mit größter Freude an. Ich wurde in dieses Leben gesandt, um dich zu schützen, zu behüten und dir die nötige Kraft zu geben, der Mensch zu werden, der du nun bist.

Ich danke dir. Ich verdanke dir so viel. Ich würde fast sogar so weit gehen zu sagen, dass ich dir auch mein Leben verdanke. Denn ohne dich wäre ich vielleicht schon lange nicht mehr in diesem Körper und hätte den ewigen Kampf lange aufgegeben.

Ich weiß. Und genau aus diesem Grund bin ich zu dir gekommen. Ich sollte dich im Leben halten und dich sanft tragen.

Und das hast du hervorragend gemacht. Ich bin dir so überaus dankbar und ich bin so glücklich, dass ich einen wunderschönen und wundervollen Engel wie dich an meiner Seite hatte und noch habe.

Und immer haben wirst!

Ich danke dir aus tiefstem Herzen dafür und ich bitte nun nochmals um Hilfe.

Ich weiß schon, um was du mich bittest. Du möchtest, dass ich dir sage, was du tun sollst. Du möchtest, dass ich dir die Entscheidung abnehme, ob ich leben möchte oder sterben darf.

Und bist du bereit dazu, mir auch dieses Mal noch zu helfen?

Das ist schwer. Du weißt, dass ich so oder so nicht mehr allzu viel Zeit hier habe.

Aber sei schon mal versichert, dass ich mich auf die Zeit danach sehr freue. Ich mag diesen alten und stinkenden Körper schon ein ganzes Weilchen nicht mehr. Aber wie sonst hätte ich dich dazu bringen können, dich mit mir zu unterhalten. Immer und immer wieder bist du mir aus dem Weg gegangen. Immer hattest du eine Ausrede. Nun blieb dir nichts anderes übrig.

Also gut. Ich will dir helfen. Wie wäre es, wenn wir die Entscheidung zusammen treffen würden?

Ich gebe mein Bestes. Was soll ich tun?

Du musst eine Entscheidung treffen. Ich bin dein Engel und wegen niemand anderem als wegen dir bin ich hier und bin ich noch hier.
Du kannst mir die Freiheit schenken und mich ins Licht entlassen.

Und muss ich dazu den Tierarzt rufen und dich einschläfern lassen?

Nein, das musst du nicht.
Ich bitte dich nur, eine ganz klare Absicht zu äußern. Ich möchte, dass du bald zum »Rat der Tiere« gehst und dort, vor allen Mitgliedern, eine ganz klare und bestimmte Absicht äußerst.
Ich möchte, dass du sie bittest, mich zu einem bestimmten Zeitpunkt abzuholen. Ich werde bereitwillig und gerne auf sie warten.
Nur versprich mir eines. Gib mich nicht weg. Ich möchte, dass du mir die letzte Ehre erweist und mich beerdigst. Ich möchte, dass du das für dich und nicht für mich tust. Es wird sehr hart für dich werden und du wirst einen letzten, harten Kampf für mich kämpfen müssen, aber du wirst es tun. Oder?

Das werde ich. Ich würde nie zulassen, dass dein Körper verarbeitet wird.

Das weiß ich. Und nun zu dem Zeitpunkt, zu dem ich gehen darf.
Den sollst du bestimmen. Denk gut darüber nach und teile deinen Entschluss dem »Rat der Tiere« mit. Wenn du es wirklich willst, dann wird es so sein. Schicke liebevolle und kraftvolle Gedanken an mich und ich werde sehr einfach gehen können.
Ich muss dir noch eines sagen. Barbara, ich liebe dich, wie du es dir nicht vorstellen kannst.
Du bist mein Herzblut und ich war der glücklichste Engel auf dieser Erde, als ich zu dir kommen durfte und bei dir sein konnte. Ich werde mit so viel Liebe im Herzen gehen und diese Liebe habe ich so sehr dir zu verdanken.
Ich werde auch weiterhin für dich da sein. Aber nicht mehr in diesem alten, verfaulten Körper, sondern als strahlend helles und reines Licht. Und wenn du mich brauchst und mich rufst, dann wird mein Licht für dich leuchten und dich zum Strahlen bringen. Und wenn du dann diese Liebe spüren wirst, dann wisse, dass das alles deine Liebe ist. Ich habe all

111

diese Liebe in mir gespeichert und werde sie immer für dich aufbewahren. Deine Liebe wird somit immer für dich da und greifbar sein. Und wenn es dir mal wieder nicht so toll geht, dann ruf mich einfach und bade in unserer Liebe. Du wirst sehen, es wird dir sehr helfen.

Ich danke dir so sehr. Du bist der wundervollste Engel, den ich je bei mir hatte. Ich danke dir für all die vielen schönen Stunden und für alles, was du je für mich getan hast. Ich werde dich immer bei mir im Herzen tragen. Und ich möchte dich so in Erinnerung behalten, wie du immer warst. Voller Liebe und Frieden.

Leider habe ich auch hier wieder Lehrgeld bezahlen dürfen, denn Benni ging nicht von selbst zum vereinbarten Zeitpunkt ins Licht.

Meine Mutter, bei der Benni lebte, entschloss sich dann doch, den Tierarzt zu holen und Benni einschläfern zu lassen.

So müde und kraftlos Benni auch war, als sich der Tierarzt zu ihm setzte mit der Spritze in der Hand, entspannte er sich nicht wie die Stunden davor in meinen Armen, sondern bäumte sich gegen den Tierarzt auf.

Sogar Mona, die bei uns war, als Benni ging, knurrte den Tierarzt richtig böse an und wollte sich schützend vor meinen kleinen Engel stellen.

Ich wusste aus tiefstem Herzen, dass das, was hier passierte, falsch war, aber ich konnte nichts machen.

Benni lebte bei meiner Mutter und war auf dem Papier immer schon ihr Hund gewesen.

Sie hatte entschieden und ich musste es so akzeptieren.

Es war wirklich furchtbar für mich, denn ich wusste, dass es der falsche Zeitpunkt war.

Ein Tier einzuschläfern ist immer schlimm, aber ein Tier mit dem Wissen einzuschläfern, das ich alleine schon durch das Gespräch mit Benni hatte, zerreißt einen jämmerlich und brutal.

Ich habe Benni im strömenden Regen im Garten meiner Mutter begraben.

Das war eines der schwersten Dinge, die ich je tun musste.

Ich heulte wie ein Schlosshund und wäre vor lauter Verzweiflung und Scham, nicht eingegriffen zu haben, am liebsten selbst mit gestorben.

Seither hatte ich nicht mehr den Mut mit Benni zu sprechen.

Vielleicht ist es jetzt an der Zeit.

Geliebter Engel Benni. Bist du bereit mit mir zu sprechen?

*Natürlich, Barbara. Ich bin **immer** bereit, mit dir zu sprechen.*
Zu keiner Zeit dieser Erde wirst du es erleben, dass ich dir den Wunsch, mit mir in Verbindung zu treten, verweigern würde.
Du hast eine schwere Last auf den Schultern, das spüre ich schon lange. Aber warum nur.
Es gibt nichts zu bereuen.
Du hast dein Möglichstes getan, um mich von selbst gehen zu lassen, und du warst bei mir, als ich dann letztendlich eingeschläfert wurde.

Aber Benni, bitte sag mir, warum bist du nicht gegangen, zu dem Zeitpunkt, als wir es ausgemacht hatten?
Was habe ich falsch gemacht?

Das ist sehr typisch für dich. Du suchst die Schuld immer erst bei dir. So ist es doch, oder?

Ja, so ist es.

Und du stimmst doch bestimmt mit mir überein, dass es sich um eine Schuld handelt?

Auf was willst du hinaus?

Ich will darauf hinaus, dass es niemandes Schuld war.

Ihr Menschen geht immer zu hart mit euch selbst ins Gericht und vor allem du, Barbara.

Du stellst an dich selbst immer viel zu große Ansprüche.

Deine Ansprüche sind teilweise so hoch, dass du sie nie wirst erfüllen können.

Durch diese viel zu hoch gelegte Messleiste setzt du dich selbst unter Druck und programmierst dadurch meist schon dein Versagen.

Ich möchte dir gerne sagen, warum ich damals nicht gehen konnte.

Du hast aus deinem Kopf heraus entschieden, zu welchem Zeitpunkt ich meinen Körper verlassen sollte.

Hättest du zu dieser Zeit schon aus deinem Herzen heraus handeln können, dann wäre ich auch genau zu der von dir festgelegten Stunde gegangen.

Sieh das aber bitte nicht als Vorwurf von mir.

Es war ein Geschenk von mir an dich.

Ein Geschenk?

Du nennst es ein Geschenk, dass ich entscheiden muss, wann du gehst, und das dann überhaupt nicht funktioniert?

Ja, das war ein Geschenk.

Ich gab dir die Möglichkeit, in dieser doch so emotionalen Situation in dein Fühlen zu kommen. Ich gab dir die Chance, dein Herz zu öffnen und durch dein Herz zu handeln.

Und ich habe es vergeigt. Toll.

Nein, du warst einfach noch nicht so weit. Das ist alles.

Das ist alles und zwar vollkommen ohne Wertung.

Du kannst wertungsfrei allen anderen gegenüber sein, nur nicht dir selbst.

Das ist ein Punkt, den du noch lernen darfst.

Finde in dein Herz und handle daraus heraus.

Das ist eine Aufgabe, die du noch vor dir hast.

Oh Barbara. Niemand weiß so gut wie ich, wie wichtig es für dich war, dein Herz zu verschließen.

Aber niemand weiß besser als ich, dass es nun endgültig an der Zeit ist, dein Herz wieder vollkommen zu öffnen.

Nur wenn dir das gelingt, dann wirst du bereit sein, all die wundervollen Dinge aufzunehmen, die dir noch bevorstehen.

Dein Weg ist vorbestimmt. Es führt kein Weg daran vorbei. Du wirst diesen Weg so oder so gehen.

Das Buch geht so langsam aber sicher seiner Vollendung entgegen und alles geht seinen Lauf.

Nichts wird dein Schicksal ändern. Es wird auch nichts an deinem Schicksal ändern, ob du mehr in dein Herz und dein Fühlen kommst, aber du wirst das, was geschieht, viel intensiver und für dich unvergesslicher wahrnehmen und erleben.

Bis jetzt sind es »nur« faszinierende Aneinanderreihungen von Geschehnissen, die Schlag auf Schlag in dein Leben treten.

Alles passt zusammen und eines ergibt sich aus dem anderen.

Stell dir vor, du würdest das nun mit der ganzen Schönheit und Fülle deines Herzens erleben können, wie wundervoll das sein könnte!

Und so wird es sein. Du benötigst eben deine Zeit. Das ist okay.

Verstehst du nun, dass es weder eine Strafe noch sonst etwas in dieser Art war, dass ich damals nicht gegangen bin und du mich durch den Tierarzt und unter dermaßen großen Schmerzen verlieren musstest?

Auch hatte es einen Grund, warum Uwe zu der Zeit nicht da war und dir somit nicht beistehen konnte. Du solltest es alleine schaffen.

Es war noch zu früh für dich, ins Gefühl zu kommen, aber du hast dein Herz ein Stück weit geöffnet. Das ist doch auch schon etwas.

Weißt du noch, als du neulich mit Uwe in eurem schönen Garten gearbeitet hast an der Öffnung deiner Gefühle? Weißt du auch noch, wie Uwe reagiert hat, als er ein Stück deiner Gefühle und deines Herzens sehen konnte?

So werden alle Menschen und noch viel mehr alle Tiere reagieren, wenn du in dein Herz und dein Gefühl kommst.

Du erinnerst dich noch an das Erlebnis, das du mit Angelina hattest und mit dem alles angefangen hat.

115

Sie ließ dich das Licht und die Liebe der anderen Seite fühlen.

Wenn du es schaffst, dein Herz ganz und gar zu öffnen, dann wirst du unendlich viele Erlebnisse haben, die sich so oder ähnlich anfühlen wie diese Sekunden damals.

Dein ganzes Leben wird eine Explosion aus den wundervollsten Gefühlen sein.

Hör also nun auf, dir Vorwürfe zu machen, und genieße das Leben.

Arbeite daran, deine Gefühle zu öffnen, und erlebe eine Explosion nach der anderen.

Ich danke dir aus tiefstem Herzen, oder zumindest so tief ich schon komme, für diese Worte und auch diese wundervolle Botschaft.

Gerne. Du weißt doch, Barbara, ich bin dein ganz besonderer Engel [1x niesen] und ich werde immer für dich da sein.

Wenn es mal nicht weiter geht, dann rufe mich und ich werde dir helfen. Sei versichert und sei bereit.

Das bin ich gerne.

Ich danke dir mein Engel und ich freue mich nun ohne schlechtes Gewissen drauf, wieder von dir zu hören.

Ich mich auch.

Ach und erzähle den Menschen von Angelina.

Mach ich.

Danke dir.

———————

Es ist also, trotz des Schmerzes, den wir durch manche Dinge und Ereignisse erleben, nicht als Strafe gedacht, sondern alles ist Lernen.

Kapitel 5

Lernen

Wir Menschen, und ja, auch ich, dürfen endlich wieder anfangen, Lernen zu lernen.

Wir sehen alles, was nicht nach unserem Plan läuft, als Fehler oder schief gegangen an.

Nein, das ist einfach nur falsch.

Es gibt keine Fehler, sondern einfach manchmal Umwege.

Die Menschen unter uns, die immer nur Fehler sehen, die werden nie das Schöne und Richtige im Leben entdecken.

Wer immer nur Fehler sucht, der hat gar keine Zeit, alles andere zu sehen und wertzuschätzen.

Ein Freund von uns macht uns immer wieder darauf aufmerksam, wie »krank« es doch schon in unseren Schulen zugeht.

Wenn ein Kind ein Diktat mit 200 Wörtern schreibt und 190 Wörter richtig geschrieben hat, so wird dies doch nie anerkannt.

Unten am Diktat wird dann nur stehen »10 Fehler« mit der entsprechenden Note. Und die ist nach meinen Erfahrungen nicht gerade gut.

Ich habe wirklich noch keinen Lehrer erlebt, der zu diesem Kind gegangen wäre und ihm gesagt hätte: »Wow. Du hast 190 Wörter richtig geschrieben. So viele waren es noch nie! Klasse!«

Nein. Der Lehrer stellt einen vor der ganzen Klasse bloß, weil man vielleicht im Schnitt 3 Fehler mehr als die anderen hat.

Wie sollen wir Menschen uns da denn noch frei und voller Freude entwickeln?

Wir werden darauf getrimmt, immer nur darauf zu achten, was alles falsch läuft im Leben.

Und wie du sehen kannst, lieber Leser, bin auch ich erfolgreich in diese Schiene gepresst worden.

Aber ich habe es erkannt und bin nun jeden Tag darum bemüht, die schönen und vor allem die richtigen Dinge im Leben zu sehen.

Das Leben leuchtet viel heller und viel strahlender, wenn man sich auf das Licht statt die Dunkelheit konzentriert.

Da ich der festen Überzeugung bin, dass dies ein sehr wichtiger Punkt ist, möchte ich noch weiter darauf eingehen.

Wenn du, lieber Leser, durch dein Leben gehst, was siehst du?

Siehst du nur den Müll auf der Straße liegen, oder siehst du das kräftige Blümchen, das sich durch all den Müll und sogar durch einen geteerten Weg an die Oberfläche kämpft?

Siehst du all das furchtbare Unkraut in deinem Garten, oder kannst du sogar für dieses ein Lächeln zustande bringen, weil es wundervoll in allen Farben blüht?

Was siehst du?

Ich habe lange Zeit immer nur die Arbeit hinter dem »Unkraut« gesehen. Ich habe mich über die Umweltverschmutzer geärgert, aber immerhin konnte ich dennoch die Schönheit der Natur erkennen.

Je mehr mir bewusst wird, dass ich all das anziehe, was ich ausstrahle, desto deutlicher achte ich auf meine Gedanken.

Ich habe immer noch mehr als genug Unkraut in meinem Garten, doch fange ich so langsam an, dies zu schätzen.

Erfüllt doch das Summen unzähliger Bienen den Garten, in dem ich sitze und dies Buch hier schreibe, nur weil es so viele verschiedene bunte Blüten gibt, die ihnen Nahrung bieten.

Tut euch und euren Tieren also mal den Gefallen und fangt an, euch selbst zu beobachten.

Seht ihr immer nur die Fehler oder findet ihr auch das Richtige?

Dadurch dass mein Pferdefreund Paul in mein Leben getreten ist, habe ich begonnen, mich mit Pferdeausbildung und dergleichen zu beschäftigen.

Glücklicherweise habe ich Pferdemenschen um mich, die sehr großen Wert auf gewaltfreien Umgang mit den Tieren legen.

Angelika, ich glaube sie ist ein Engel in Menschengestalt, hat mir einige Bücher über Pferdeausbildung und Horsemanship geliehen. Darunter auch einige Werke von Mark Rashid.

Er schreibt hervorragend und amüsant und er hat mich gelehrt, immer auf die kleinsten Anzeichen von »ich will ja das Richtige machen« zu achten.

Wirklich gute Pferdetrainer, so habe ich in der Zwischenzeit gelernt, beobachten ihr Pferd und suchen nach dem Ansatz und dem Versuch des Richtig-machen-wollens.

Wie viele Menschen muss ich allerdings beobachten, die nur darauf warten, dass ihr Tier, egal ob Hund, Pferd oder ein anderes Tier, einen Fehler macht, der korrigiert werden kann.

Als ich noch mit Mona auf den Hundeplatz gegangen bin, gab es nur ein Gebrülle, weil schon wieder irgendwo ein Fehler war.

Alle Hunde wurden dadurch verunsichert und waren absolut demotiviert.

Und wenn ich mich mit einem auskenne, dann mit Demotivation.

Ein wirklich traumatisches Erlebnis in dieser Richtung hatte ich mit meinem Vater und einer für mich Traumnote in Latein.

Latein, das muss ich kurz erklären, war mein absolutes Fünfer Fach.

Meine Standardnoten waren Fünf aufwärts, also eher Richtung Sechs tendierend.

Eines Tages bekam ich völlig überraschend eine Zwei in einer Arbeit und erzählte das natürlich stolz meiner Mutter.

Sie meinte, ich solle es ruhig auch meinem Vater erzählen.

Dieser meinte nur: »Warum eine Zwei? Es hätte doch auch eine Eins sein können!«

Wow. Damit war alles an Motivation zunichte gemacht. Ich rannte wieder mal heulend auf mein Zimmer und verstand die Welt nicht mehr.

Das war sicherlich nur die Art meines Vaters, wie er mich zu besseren Leistungen antreiben wollte, aber der Schuss ging einfach nur nach hinten los.

Mein Kleines Latinum habe ich mit Ach und Krach bestanden, aber sicher nicht wegen der Art meines Vaters, mich zu »motivieren«.

Wie soll denn ein Tier verstehen, was wir von ihm wollen, wenn wir immer nur schimpfen und unsere Aufmerksamkeit nur auf das »Falsche« lenken.

Das Tier versteht dann, einfach nur als Tier und nicht als spirituell geistiges Wesen, dass das Falsche irgendwie wichtig sein muss. Denn sonst würden wir uns ja nicht so drauf stürzen.

Sichtweisen

Hoffentlich habe ich mich nun verständlich genug ausgedrückt und konnte euren Fokus etwas auf die schönen Dinge und Begebenheiten des Lebens lenken.

Ein weiterer guter Ansatzpunkt ist sicherlich auch die Frage: »Was soll mir das sagen?«

Wenn ich in eine Situation gerate, die für mich irgendwie nicht in Ordnung ist, in der ich mich schlecht fühle oder in der ich einfach nur niedergemacht werde, wie bei meinem ersten Fernsehauftritt, hätte ich früher einfach meinen Kopf in den Sand gesteckt, wäre als Kind und Jugendliche heulend auf mein Zimmer gerannt und hätte die Welt und die Menschen darin verflucht, weil ja alle so böse und gemein sind.

Heute, wenn ich in eine solche Situation gerate, fühle ich in mich rein und suche nach einem Sinn. Ich überlege, was das Gute daran ist und was ich daraus lernen kann.

Mein Fernsehauftritt im »Nachtcafé« beispielsweise war so demütigend und schrecklich für mich, dass ich mich wirklich beherrschen musste, nicht »heulend auf mein Zimmer zu rennen«, also einfach die Aufnahme zu verlassen.

Aber ich hielt durch, obwohl ich persönlich aufs Übelste angegriffen wurde und mir absolut unerwartet ein Bild von einer Katze präsentiert wurde, aus dem ich lesen sollte.

Völlig ohne Druck … denn es schauten später ja nur Millionen von Menschen zu.

Ich hielt aber durch und gab mein Bestes

Zwei Tage nach der Ausstrahlung wusste ich schon, warum ich es gemacht hatte, als Rolandas Leben in meiner Hand lag.

In der Zwischenzeit habe ich so viele »Gesprächspartner« bekommen, dass es mir überhaupt erst möglich wurde, dieses Buch hier zu schreiben.

Ich durfte erfahren, dass das alles so geplant war, und da war es das doch wert, nicht einfach wegzulaufen, sondern nach dem Sinn zu suchen oder einfach darauf zu vertrauen, dass es einen Sinn haben würde.

Wäre ich aufgestanden und gegangen, so hätte ich diese »Prüfung« wohl vergeigt, niemand hätte sich an mich gewandt, ich hätte keinem einzigen Tier und seinem Menschen helfen können und dieses Buch wäre nie entstanden.

Und mein Gesicht hätte ich auch noch verloren.

Es lohnt sich also meistens, erst einmal abzuwarten, was jede Situation Gutes bereit hält, bevor man davonläuft.

Wenn nun natürlich ein Güterzug auf einen zurast, weil man eben dummerweise unbeabsichtigt auf den Gleisen steht, wäre es ziemlich dumm zu warten, was diese Situation Gutes bringt.

Dann lohnt sich ein Sprung zur Seite mit Sicherheit. Das Gute daran wäre höchstens, dass man sehr bald das Licht wiederfinden würde.

Dumm allerdings wäre, dass man, wäre man mit Absicht vor dem Zug gestanden, nicht vor seiner Lernaufgabe fliehen könnte, sondern diese wiederholen müsste.

Wenn ich eine Arbeit in der Schule geschwänzt hatte, dann musste ich sie definitiv auch nachschreiben …

Und wenn ich das Klassenziel nicht hätte erreichen können, dann hätte ich das Schuljahr auch nochmals wiederholen müssen. Und das wäre dann sicherlich noch schwerer geworden, weil ja alle anderen gewusst hätten, dass ich es nicht geschafft hatte, weil ich geschwänzt hatte.

Die Lehrer wären weniger gnädig gewesen und hätten mich härter rangenommen und und und.

So ist der Lauf der Dinge, ob in der Schule oder im Leben.

Wenn jemand frühzeitig mit Absicht »aussteigt«, dann darf er diese Lektion, die dieses Leben bereit hielt, einfach nochmals lernen. Und es wird dadurch nicht einfacher!

Aber nochmals zurück zum Güterzug und dem Licht.

Versucht man also herauszufinden, was der nahende Güterzug Gutes zu bringen hat, anstatt zur Seite zu springen, macht man recht schnell Bekanntschaft mit dem Licht.

Das Licht ist etwas Wunderschönes.

Das durfte ich erfahren, als diese ganzen »verrückten Dinge« wie Tierkommunikation und Hellsichtigkeit und so etwas in mein Leben gekommen sind.

Kapitel 6

Angelina und das Licht

Eine der ersten Erfahrungen war die Begegnung mit Angelina.

Angelina starb damals Ende 2004 bei dem Tsunami in Thailand.

Sie war wohl eine recht junge Frau, so Anfang zwanzig, die dort unten ihren Urlaub verbrachte.

Zu der Zeit überschlugen sich die Dinge in meinem Leben gerade heftigst.

Ich übte mich im Meditieren und machte auch so langsam Fortschritte.

Da stellte sich mir auf einmal Angelina vor.

Ich war an meinem Entspannungsort, einem wunderschönen Strand, als sie einfach so daherspaziert kam.

Ich hatte sie nicht eingeladen, aber sie kam einfach und setzte sich neben mich.

Sie stellte sich vor und erzählte mir ihre Geschichte.

Angelina dürfte wohl nicht ihr richtiger Name sein, aber er erschien ihr wohl passend.

Angelina bedeutet »der kleine Engel«.

Sie erzählte mir, wie sie ums Leben kam und dass sie nun nicht weiter wüsste.

Ich wusste es allerdings auch nicht.

Total verwirrt und überfordert, das war schließlich meine erste Erfahrung in dieser Richtung, begab ich mich wieder in den »Normalzustand« und sprach mit Uwe darüber.

Er, derjenige von uns beiden mit vielen Jahren mehr Erfahrung, erklärte mir, dass ich ihr vielleicht raten könnte, ihren Schutzengel zu bitten, sie ins Licht zu führen.

Ich schlug ihr das vor, aber sie wusste nicht so recht wie.

Ich bat also meinen Schutzengel, mit ihrem Schutzengel in Kontakt zu treten und ihr zu helfen.

Nach einigem Hin und Her hat das wohl dann auch geklappt.

So konnte sich Angelina von all den geliebten Menschen, ihren liebsten Plätzen und allem, was ihr wichtig war, verabschieden.

Eines Sonntag morgens um etwa 7.30 Uhr – also so rein überhaupt nicht meine Zeit an einem Sonntag! – wurde ich auf einmal hellwach.

Ich sah Angelina und eine wunderschöne Lichtgestalt. Sie ließ mich wissen, sie sei bereit zu gehen.

Ich schloss meine Augen und sah, wie Angelina und ihr Engel sich bei der Hand nahmen und davon gingen.

Auf einmal wurde alles einfach nur hell.

Es öffnete sich eine Art Lichtfleck oder Tor, wie auch immer man es ausdrücken mag, und die beiden gingen Hand in Hand darauf zu.

Die Strahlen dieses Lichtes erreichten mich und ich bekam am ganzen Körper Gänsehaut und Tränen des Glücks schossen mir in die Augen.

Dieses Licht und die unendliche und überwältigende Liebe sind Eindrücke, die man mit normalen Worten nicht beschreiben kann.

Das war das allerschönste Erlebnis, das ich je in meinem Leben hatte.

Bis jetzt hatte ich nie mehr ein ähnlich überwältigendes Erlebnis.

Kurz bevor sie verschwand, drehte sich Angelina nochmals um, winkte mir zu, bedankte sich bei mir und sagte, das sei ihr Geschenk an mich, weil ich ihr geholfen habe.

Nie werde ich das vergessen und immer wenn ich davon berichte oder es wie hier aufschreibe, überkommt mich eine Gänsehaut am ganzen Körper und Tränen des Glücks und der Liebe schießen mir in die Augen.

Niemand, der annähernd eine solche Erfahrung gemacht hat, wird jemals mehr Angst vor dem Tod oder dem Sterben haben.

Ich durfte einen winzig kleinen Einblick in das werfen, das viele als das »Leben danach« bezeichnen.

Und ich freue mich darauf. Ich freue mich, wenn ich endlich wieder dorthin zurückkehren kann und wenn ich hoffentlich dieses Mal auch dort bleiben kann.

Vielleicht konnte der Eine oder der Andere ein wenig von der wundervollen Energie in meinen Worten fühlen und kann auch nur ein klein wenig erahnen, wie wundervoll es weitergehen wird.

Kapitel 7

Paul erklärt

Nachdem ich gestern eine »Ladehemmung« hatte und mir nicht wirklich sicher war, ob dieses Buch nun fertig sei oder nicht, bekam ich gestern Abend durch Uwe die Information, dass noch etwas »Buntes« fehlen würde.

Toll. Immer diese ach so genauen Aussagen! Ich liebe es.

Ich bin einfach meinem Herzen gefolgt und das kam dabei raus:

Paul vom 29. Juni 2011

Hallo Paul.
Ich bin's, Barbara.

Ich weiß doch, wer du bist. Du brauchst dich vor mir nicht beim Namen zu nennen.

Das ist schön.
Paul, hast du eine Idee, warum wir heute sprechen?

Ich schätze, weil Uwe die Information bekommen hat, du bräuchtest noch was »Buntes«.

Ja. Ich schätze schon.

Und da bin gleich ich dir eingefallen?

Nicht gleich. Aber als ich drüber nachgedacht habe, was das sein könnte, fühlte ich, dass ich dich mal fragen könnte.

Die Idee ist schon mal nett, aber warum bezeichnest du mich als »bunt«?

Weil du so herrlich gezeichnet bist. Ich liebe deine »bunte« Farbe.

Wirklich? Die meisten finden sie nur hässlich!

Ich nicht. Ich finde, du bist das schönste Pferd, das ich kenne.

Und sagst du das nur, weil du mich magst oder weil es wirklich so ist?

Weil es so ist.

Na, das freut mich dann wirklich.

Du hast mir schon gefallen, als ich das erste Mal ein Bild von dir gesehen habe.

Gut. Dann hätten wir das geklärt.

Paul, kannst du etwas zu meinem Buch beisteuern?

Deinem Buch?
Ist es nicht viel mehr ein Buch der Tiere?

Ja, das ist es, aber mein Name steht drauf, weil ich das Ganze hier in den PC tippe.

Das lasse ich so gelten.

Lebensfreude

Natürlich habe ich etwas für dein Buch.
Ich möchte dir etwas über Lebensfreude erzählen.

Wow, welch wundervolles Thema. Dieses Thema passt gut zu dir. Ich freu mich.

Ich mich auch. Und schon sind wir mitten drin.
Was gibt es zum Thema Lebensfreude schon zu sagen?
Kennst du Menschen, die den ganzen Tag mit hängenden Mundwinkeln und hängendem Kopf, mit tief gesunkenen Schultern und schlechter Laune durch ihr Leben gehen?

Oh ja, die kenne ich nur zur Genüge.

Diese Menschen haben ein Problem.

Nicht nur, dass sie sich selbst nicht leiden können. Das wäre das Geringste. Es wäre zwar traurig für sie, aber es gäbe Schlimmeres, nicht wahr?

Schlimm genug ist es, wenn man einen solchen Menschen sehen muss. Diese Menschen verbreiten meist einfach üble Laune.

Das stimmt. Das ist es, worauf ich hinauswollte.

Dass es ihnen schlecht geht, ist das Eine. Das Andere ist, dass sie sehr leicht andere Menschen mit anstecken.

Wenn es jemandem gut geht, dann ist die »Gefahr« der Ansteckung lange nicht so groß, wie wenn es jemandem schlecht geht.

Diese traurigen Menschen haben die Gabe, andere Menschen mit in ihr Tal hinunterzuziehen. Dadurch werden dann alle Menschen um sie herum mit beeinträchtigt.

Das liegt daran, dass die »dunkle Seite« sehr mächtig ist und es sehr genießt, diese Menschen als ihr Werkzeug benutzen zu können.

Kennst du das, wenn du mies drauf bist, dass dir dann auch noch ein Vogel aufs Auto machen muss oder solche Dinge?

Das hat ganz klar mit deinen Gedanken zu tun.

Es hat aber auch sehr damit zu tun, dass jeder, der richtig mies drauf ist, den Mächtigen freie Hand gibt.

Jeder, der seine Aura niedrig schwingen lässt, und das passiert, wenn man mies drauf ist, öffnet eine Tür für die Mächtigen. Sie haben Mittel und Wege, diese Schwingungen zu finden, da sie gezielt danach suchen.

Wenn sie nun diese Schwingung aufgenommen und lokalisiert haben, gehen sie gezielt an diesen Menschen heran.

Das ist in etwa so, wie wenn ein Reh verletzt ist. Dann fällt es dem Wolf sehr leicht, dessen Witterung aufzunehmen und ihm zu folgen. Dem Wolf wird es einfach gemacht, denn ein verletztes Tier strahlt eine ganz andere Schwingung aus als ein gesundes.

Der Wolf ist natürlich auf Beute aus, um zu überleben. Er wird das verletzte Reh finden und es sich schnappen.

Sehr ähnlich ist es mit den Menschen und den Mächtigen.

Gerade in dieser Zeit benötigen die Mächtigen sehr viel Unterstützung. Sie sind dankbar für jeden Miesepeter, der auf der Erde herumläuft und den sie dann benutzen können, um weiter ihre niedrige Schwingung zu verbreiten.

Verstehst du das?

Ja, ich verstehe es. Bisher dachte ich einfach immer, wenn jemand mies drauf ist, dass er dann durch seine miesen Gedanken einfach noch miesere Situationen anzieht.

Aber was du mir gerade erzählst ist mir vollkommen neu.

Das wundert mich nicht. Natürlich ist es neu für dich. So wie es für die meisten Menschen neu sein wird.

Aber glaube mir einfach.

Warum erzähle ich dir das?

Weil ich dir und all den anderen berichten möchte, was gegen diese allgemein schlechte Laune getan werden kann.

Hast du schon einmal festgestellt, dass es einem Menschen sehr schwer fällt, gut drauf zu sein, wenn ein Miesepeter in der Nähe ist?

Die Stimmung ist dann meist so gedrückt, dass die anderen Menschen drum herum sich teilweise gar nicht trauen, zu lächeln und ihre Fröhlichkeit zu leben.

Das ist ziemlich schlecht. Das ist der Grund, warum die Mächtigen sich so gerne diese Miesepeter als Werkzeug raussuchen. Weil sie wissen, dass die meisten Menschen sich sehr leicht durch diese schlechte Stimmung einer Person mitziehen lassen. Viel einfacher, als von einem wirklich glücklichen Menschen.

Was ist denn, wenn jemand singend und pfeifend durch sein Leben geht und sich einfach freut, sein Leben genießt und glücklich ist?

Ist der Großteil der Menschen dann mit ihm glücklich, freut sich für ihn und unterstützt ihn, dass er weiterhin glücklich sein kann und sich seines Lebens freut?

Nein. Eher umgekehrt. Die Menschen neiden es einem glücklichen Menschen. Kaum einer gönnt dem anderen Menschen sein Glück.

Genau richtig. Der eine Mensch kann es nicht sehen, wenn es dem anderen Menschen besser geht als ihm.

Schlimm, was ihr da erschaffen habt.

Das stimmt. Aber warum haben wir das erschaffen?

Hat nicht jeder Mensch einen freien Willen?

Doch. Aber du sagst doch, dass die Miesepeter von den Mächtigen beeinflusst werden, nicht?

Natürlich sage ich das. Weil es wahr ist. Aber würde ein Miesepeter sich dessen selbst bewusst werden und den Mächtigen bewusst den Zugang zu sich verwehren, so könnten diese nichts machen.

Allerdings hat der Miesepeter die Einstellung: »Ist mir doch egal! Macht mit mir, was ihr wollt!«

Oder nicht?

Doch, leider ist das meist so.

Siehst du. So einfach ist das. Jeder Mensch kann sich vor Manipulationen von außen schützen, wenn er das nur möchte.

Und jeder Mensch könnte sich doch auch frei dafür entscheiden, der miesen Stimmung entgegenzuwirken, oder sich zumindest nicht mit reinziehen zu lassen. Oder?

Du hast vollkommen Recht, Paul.

Ich weiß.

Warum erzähle ich dir das nun alles?

133

Weil es wichtig ist, dass ihr Menschen immer mehr Informationen über die Mächtigen und deren Spiel bekommt.

Ihr sollt verstehen, dass die Mächtigen auch »nur« überleben wollen wie der Wolf, der das Reh reißt. Sie spielen genauso ein Spiel des Lebens wie ihr alle dies tut.

Nur wissen die Mächtigen mehr. Sie geben ihr Wissen untereinander weiter, lehren und schulen sich.

Sie sind in der Hinsicht viel intelligenter als ihr anderen Menschen. Bei euch herrscht immer noch Neid und Missgunst. Natürlich unterstützen das die Mächtigen auch, aber wenn nicht der Kern in euch wäre, so hätten sie keine Chance.

Wie kann ich ein Feuer entfachen, ohne einen Funken und wenn nicht schon irgendein brennbares Material da ist?

Den Funken liefern die Mächtigen, ohne Frage, aber das brennbare Material tragt ihr alle in euch.

Ist dir denn noch nie aufgefallen, dass nur jemand anfangen muss, über einen anderen Menschen zu lästern, und die meisten anderen fallen sofort mit ein?

Es genügt, etwas über jemanden zu sagen und alle wissen sofort auch etwas dazu beizutragen.

Die Mächtigen streuen gerne Gerüchte und bringen Steine ins Rollen, aber den Stein im Rollen halten, das macht ihr Menschen ganz von alleine. Faszinierend, nicht?

Nein, eher traurig finde ich das.

Ja, aber es funktioniert. Die Menschen sind so herrlich leicht für die Mächtigen zu beeinflussen.

Meine Aufgabe ist es, euch das hier und jetzt bewusst zu machen und euch wachzurütteln. Jeder, der sich vor Manipulationen von außen schützt, der macht einen großen Schritt nach vorne.

Jeder, der dies tut, nimmt den Mächtigen ein Stück Lebensgrundlage. Wir wollen die Mächtigen ja nicht ausrotten oder vernichten, wir wollen sie lediglich in ihre Grenzen weisen und auch dort halten.

Sie spielen, wie gesagt, auch nur ihr Spiel des Lebens und wollen auch nur überleben.

Du sagst »**Wir** wollen sie in ihre Grenzen weisen.«

Aber warum denn **Wir**?

Weil wir Tiere so ein klein wenig wie die Mächtigen sind, nur auf der Seite der »Guten«.

Du weißt aber, dass es weder »Gut« noch »Böse« gibt?

Ja, das weiß ich. Das ist immer unser Empfinden.

Genau. Wer kann denn festlegen, was gut und was böse ist? Für den einen ist ein Beinbruch unheimlich böse, für den anderen ist es sehr gut, weil er sich so erholen kann.

Verstehst du?

Ich verstehe das sehr gut.

Wenn ich also nun von Gut und Böse spreche, dann nur, damit ihr Menschen das besser und leichter begreifen könnt.

Um darauf zurückzukommen, wo wir vorhin stehengeblieben sind.

Wir Tiere sind so eine Art Gegenspieler der Mächtigen.

In Wirklichkeit sind wir ebenso mächtig und verstehen ebenso viel vom Spiel des Lebens mit all seinen Spielregeln und Gesetzen.

Nur »benutzen« wir die Menschen nicht, wir helfen ihnen und unterstützen sie.

Wir spielen also auf der gleichen Seite wie ihr Menschen.

Ich würde sagen, dass wir Tiere irgendwie als Joker für die Menschen da sind.

Wir haben die Macht, einen Miesepeter, an dem schon die Mächtigen »kleben«, wieder von ihnen zu befreien und ihn zurück zur Lebensfreude zu bringen.

Wir haben die Macht, den Menschen zu helfen, selbst aus den schlimmsten Lebensumständen heil wieder herauszukommen.

Depressive Menschen, seelisch und körperlich traumatisierte Menschen oder einfach nur traurige Menschen können wir am Leben und im Spiel des Lebens halten.

Wir können die Mächtigen von vielen dieser Menschen fernhalten oder dafür sorgen, dass sie zumindest nicht die alleinige Kontrolle über diese bekommen.

Manchmal misslingt das und dann gehen diese Menschen ihre eigenen Wege.

Oft werden daraus Menschen, die uns Tiere quälen.

Somit drücken die Mächtigen ihren Sieg über uns aus. Aber es ist dennoch wichtig zu wissen, dass niemand »besessen« oder ähnliches ist. Jeder hat seinen freien Willen und verliert ihn auch nie.

Dennoch lassen sich manche Menschen so von den Mächtigen beeinflussen, dass sie ihren freien Willen sehr stark nach dem Willen der Mächtigen richten und sich daran orientieren.

Wir Tiere dagegen können niemandem unseren Willen aufzwingen.

Wir können euch Hinweise schicken und versuchen, euch in die richtige Richtung zu schubsen.

Aber wir haben weit weniger Einfluss auf euer Denken und Handeln, als ihn die Mächtigen haben.

Ist dir schon mal aufgefallen, dass die Tiere in deiner Umgebung dich oft vor Menschen warnen? Das sind dann meist die Menschen, die entweder schlecht drauf sind, und bei denen Gefahr besteht, dass sie dich anstecken, oder es sind Menschen, die schon sehr mit den Mächtigen verbunden sind.

Sucht

Sucht ist im Übrigen auch ein Mittel der Macht der Mächtigen.

Wer zum Beispiel der Alkoholsucht verfallen ist, der ist nicht mehr er selbst. Das haben schon sehr viele Menschen richtig erkannt.

Lange Zeit gab es die Gerüchte, dass diese Menschen von »Alkoholiker-seelen« besessen seien, die über die Lebenden einfach nur ihre Sucht weiter befriedigen würden.

Das ist so nicht ganz richtig. Diese süchtigen Menschen sind nicht mehr Herr über sich selbst, aber nur weil sie sich zu stark mit den Mächtigen eingelassen haben.

Was denkst du denn, warum dein ehemaliger Freund in dein Leben getreten ist.

Schon damals stand fest, welche Rolle und welche Kraft du in dir trägst.

Großmeisterin warst du damals schon lange, aber noch in Ausbildung.

Die Mächtigen haben also versucht, dich in die Arme eines süchtigen Menschen zu treiben.

Was ihnen ja auch ganz gut gelungen ist.

Du wurdest krank, dir wurde die Lebensfreude deiner liebsten Jahreszeit genommen.

Dir wurde die Luft zum Atmen geraubt, als Hinweis, dass etwas verdammt schief läuft.

Aber du warst noch nicht reif genug, das zu erkennen.

Aber du hattest Glück. Zum einen warst du stark genug um dich selbst vor ihm zu schützen, und zum anderen wurde dir, neben Benni, ein weiterer Helfer zur Seite gestellt.

Meinst du damit Stefan?

Ja. Er wusste, wie es ist, zu eng mit den Mächtigen zusammen zu sein, und konnte dich alleine durch dieses Wissen und dadurch, dass er sich von den Mächtigen losgesprochen hat, aus dieser »Notlage« befreien.

Und glaube mir, es wäre zu einer Notlage geworden.

Hätten wir dich damals verloren, so wäre es deutlich schwerer geworden, das Gleichgewicht zu halten.

Wow. Mein Leben erschließt sich mir immer mehr. War denn alles vorherbestimmt?

Das meiste schon, ja. Aber das war gut so. Du hast viele Reifeprüfungen durchgestanden und hast dich schlussendlich als würdig erwiesen.

Danke dir. Das ist jetzt aber wieder verdammt viel, was du mir hier mitteilst.

Ja, das schon, aber es ist noch lange nicht alles.
Ich möchte dir noch erzählen, wie wir Tiere »Einfluss« auf euch Menschen nehmen können.
Geht das noch?

Klar.

Lachende Herzen

Du »durftest« gestern das erste Mal auf mir reiten. Wie war das für dich?

Herrlich. Es wundert mich, dass ich nicht vor Freude geheult habe.
Und wie war es für dich?

Es war gut. So eng verbunden waren wir noch nie. Wir werden sehr bald schon die Möglichkeit haben, komplett zu verschmelzen, wenn du auf mir sitzt.

Aber ich kann dich doch leider erst in einem Weilchen reiten.

Ach was. Du kannst jetzt schon immer wieder auf mich aufsteigen und ein paar Runden drehen. Nur übertreibe es nicht. Ich benötige auch erst mal etwas Zeit, um meine Muskeln soweit zu stabilisieren.
Aber glaube mir, es gibt für mich auch keine intensivere Verbindung mit dir, als wenn du so nahe bei mir bist. Aber dazu später mehr.
Du hast dich herrlich leicht und frei gefühlt, stimmt's?

Stimmt.

Das ist eine der Aufgaben von uns Tieren.

Wir dürfen euch helfen, euch leicht und frei zu fühlen. Wir bringen euch zum Lachen und wir erfreuen euer Herz.

Jedes Mal, wenn ein Mensch ein Tier betrachtet und ihm sein Herz aufgeht, dann haben wir Tiere einen kleinen »Sieg« über die Mächtigen errungen.

Verstehst du das?

Ja, ich verstehe.

Das ist ja der Hammer.

Das ist also eure Art, den Mächtigen entgegenzutreten?

Ja, das ist unsere Art.

Manchmal genügt es aber nicht, euch Menschen zum Lachen zu bringen.

Manchmal müssen wir euch direkte Hinweise geben oder euch ganz gezielt etwas sagen.

Dann müssen wir manchmal zu Mitteln greifen, die auch für uns sehr unangenehm sind.

Wenn wir kein Gehör bekommen, dann müssen wir uns welches verschaffen.

Der eine versucht es mit in die Wohnung pinkeln, der andere kratzt oder beißt.

Das machen wir alle mit Sicherheit sehr ungern, aber manchmal kommt man einfach nicht anders an euch Menschen ran.

Das glaube ich gerne.

Und hier kommst wieder einmal du ins Spiel. Du sollst diese Botschaften annehmen und übersetzen. Du sollst die Menschen sensibilisieren, dass wir das nicht bösartig tun, sondern dass wir dafür einen Grund haben.

Kein Tier sollte sterben müssen, nur weil es etwas zu sagen hat.

Da bin ich ganz deiner Meinung.

Das weiß ich.

Ich glaube, ich habe dir für heute genug gesagt.

*Deine Umgebung wird unruhig und es wird immer schwerer, für dich,
dich zu konzentrieren.*
Ich habe nur noch eine Botschaft für dich.
Es wird endlich Zeit, den Titel deines Buches zu erfahren.

Gerne. Und eine besondere Freude ist es für mich, wenn du ihn
mir überbringst.

Das werde ich gerne tun.
Aber lass uns ein kleines Spielchen machen.

Na gut. Und welches?

Ich zeige dir den Titel als Bild und du darfst raten.

Na klasse, Paul. Mal sehen.

Der »Rat der Tiere« erklärt die Rolle der Tiere im Spiel des Lebens?
Das Wesen der Tiere?
Der »Rat der Tiere« und das (dreht am) Rad des Lebens
– die Reise beginnt
– der Kreis schließt sich
Ist das der Titel?
Der »Rat der Tiere« und das Rad des Lebens – die Reise beginnt

Das wäre der Vorschlag von uns für das erste Buch.
Ist das für dich akzeptabel?

Das klingt toll. Und es fühlt sich gut an.
Ich danke dir von Herzen, Paul.

*Ich danke dir von Herz zu Herz. Und ich freue mich, in dir endlich ein
Zuhause gefunden zu haben. Lange genug musste ich warten. Nun
kannst du dir sicher sein, dass uns nichts mehr trennen wird.*
*Ich werde dich schützen, wie einst Benni dich beschützt hat, und das
werde ich gut machen.*
Lass mich von nun an dein Engel sein.

Das bist du Paul, das bist du.

Von Herz zu Herz.

Danke.

Immer gerne.

Wow. Mein Freund Paul trägt unendlich viele Überraschungen in sich.

Ich danke hiermit allen, die es mir ermöglichen, mit diesem Pferd in Kontakt zu stehen und meine wertvolle Zeit mit ihm zu verbringen.

Danke schön.

Paul hat uns also eine Lektion in Sachen Lebensfreude und Launenhaftigkeit erteilt und was so alles dahinter steckt.

Prompt kochte die Laune bei uns zuhause über und in meiner Wut auf mögliche Ungerechtigkeiten aller Seiten aufeinander fiel mir Pauls Text ein.

Das Verstehen eines Textes ist das eine, das Umsetzen ist aber etwas völlig anderes.

Es fiel mir extrem schwer oder war mir in dem Moment leider unmöglich, runterzukommen und den Mächtigen somit den Einfluss auf mich zu verwehren.

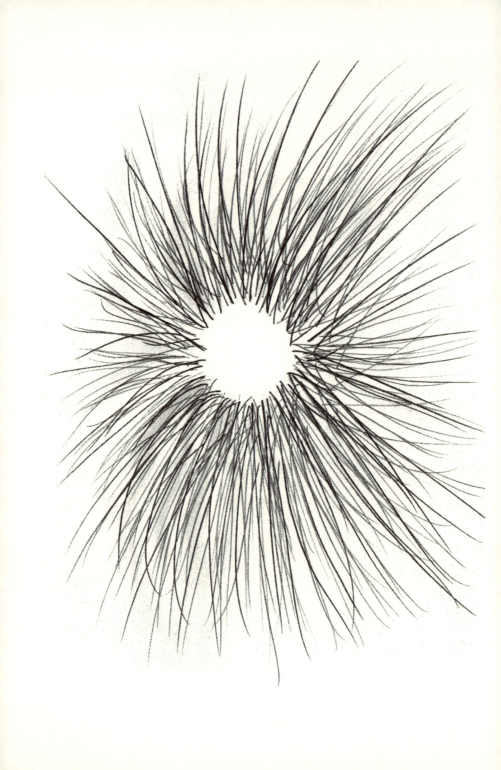

Kapitel 8

Der »Rat der Tiere« gibt Hilfestellung

Wie, geliebte Tiere und werter »Rat der Tiere«, kann man denn so weit kommen, dass die Mächtigen keinen Einfluss mehr auf uns haben?

Sei gegrüßt, Barbara, unser geliebtes Menschenkind.
Da du diese Frage stellst, wollen wir dir und all den anderen gerne einige Hinweise dazu geben.
Oder war diese Frage rein rhetorisch zu verstehen?

Oh nein, werter »Rat der Tiere«. Ich hätte nur nicht mit solch einer schnellen Antwort gerechnet.

Wir sagten dir ja bereits, dass die Zeit und die Abfolge der Ereignisse immer schneller werden.
Du bittest um eine Antwort und wir liefern sie dir. So einfach geht das.
Das ist auch der Grund, warum du immer etwas zu schreiben bei dir tragen solltest.
Kannst du das akzeptieren?

Ja, das kann ich und ich werde schwer daran arbeiten, in Zukunft immer schreibklar zu sein.

Es ist deine Entscheidung. Dir wurde gesagt, dass es noch weitere Bücher geben würde und wenn du immer schreibklar bist, so kannst du auch immer gleich die Informationen, die wir – oder wer auch immer sie dir gibt – festhalten und kommst so viel schneller voran.
Wir wissen doch, dass bei den vielen Dingen, die du zu tun hast, gerne mal etwas vergessen wird.
Also sei immer schreibklar und schreibe lieber einmal zu viel, als zu wenig.

Alles klar.

Was wir dir heute mitgeben wollen, sind einige kleine Hinweise, wie du dich vor Angriffen und Übergriffen der Mächtigen und auch vor denen, die von den Mächtigen beeinflusst sind, schützen kannst.

Die Mächtigen sind keine bösen Menschen, wie Paul es dir bereits erklärt hat.

Sie spielen lediglich ihre Form des »Spiels«.

Und es wäre ja auch langweilig, wenn man ein Spiel spielen würde ohne einen Gegenspieler und ohne echte Herausforderung.

Da gebe ich euch vollkommen Recht.

Wenn du also merkst, dass die Mächtigen versuchen, auf dich überzugreifen oder wenn du merkst, dass ein Mensch dich zu beeinflussen sucht, dann wende folgende Hilfsmittel an.

Bitte sofort die Erzengelkräfte um Schutz und Hilfe.

Rufe dir, sofern du es kennst, dein Krafttier zur Seite und bitte dieses ebenso um Schutz und Hilfe.

Das mit dem Krafttier funktioniert nur, wenn du (irgend)eine Verbindung zu Tieren hast. Du hast sie und viele weitere Menschen haben sie.

Sollte das Krafttier nicht bekannt sein, namentlich oder auch nur in Form und Gestalt, so rufe einfach allgemein »das Krafttier«.

Stelle dir vor, wie ein kraftvolles Lichtgitter oder Lichtnetz sich um dich legt.

Du Barbara, hast dich zwischenzeitlich an das Lichtnetz der Farbe gold-violett gewöhnt. Das ist sehr machtvoll und sehr energiegeladen.

Ebenso gut ist aber auch das silber-weiße Lichtnetz.

Das gold-violette bietet mehr Schutz von Seiten der Mutter Erde und das silber-weiße bietet größtmöglichen Schutz aus der geistigen Welt.

Beide sind gleichwertig und sehr machtvoll.

Ein weiterer wichtiger Punkt ist die Erdung.

Es wird immer wichtiger, dass ihr Menschen einen Bezug zu Mutter Erde bekommt. Nur wer mit ihr verbunden ist, kann bestmöglich mit ihr und für sie arbeiten.

Ein Anfang wäre, barfuß auf eine saftige Wiese, in Erde, Sand oder auch natürliches Wasser zu stehen.

Geht in die Natur und fühlt diese. Fühlt sie mit der ganzen Reinheit und Klarheit, die sie ausstrahlt und die ihr durch sie empfangen könnt.

Erden bedeutet nicht mehr zwangsweise, den Kontakt zu »Oben« weniger zu gewichten.

Natürlich ist es wichtig, in der Mitte zu sein.

Das alte System wird allerdings durch den Wandel der Zeit verschoben.

Das »alte« Erden bezog sich darauf, fest mit der 3. Dimension, in der wir uns noch hauptsächlich befinden, verbunden zu sein.

Es bezog und bezieht sich noch immer darauf, eine feste Verbindung mit Mutter Erde einzugehen.

Wenn wir aber nun von Erdung sprechen, so hat das weniger mit der 3. Dimension als viel mehr mit der 5. Dimension und dem gemeinsamen Aufstieg zu tun.

Hier sind wir wieder einmal in einer Situation, die Erklärung bedarf.

Da Mutter Erde all die Jahre sehr fest in der 3. Dimension verankert war und nichts und niemand sie daraus fortbewegen konnte, so stand der Begriff »sich erden« als ein Synonym für »sich mit der 3. Dimension« verankern.

Da aber Mutter Erde ihren energetischen Körper nun schon in der Dimension der 5 verankert hat, bekommt »sich erden« einen völlig neuen Hintergrund.

»Sich erden« steht nun dafür eine Verbindung mit der 5. Dimension herzustellen.

Somit wird »in der Mitte sein« auch verrückt.

Wir wissen, wie »verrückt«, neu und seltsam das euch allen erscheinen mag, aber es ist Tatsache.

Bisher hat man sich geerdet, um eine Verbindung mit der 3. Dimension herzustellen, und hat seinen Kanal »nach oben« geöffnet, um mit der *geistigen Welt und somit auch in gewisser Weise mit der 5. Dimension verbunden zu sein.*

Haben beide »Anbindungen« optimal funktioniert, so war man in seiner Mitte.

Die Mitte hat sich aber nun verschoben, da Mutter Erde in die 5. Dimension wechselt und somit nur noch teilweise für eine Anbindung an die 3. Dimension steht.

Wer sich also nun erdet, der verbessert seine Verbindung mit Mutter Erde und kann so optimal harmonisch mit dieser schwingen.

Es sollte aber auch gesagt sein, dass Mutter Erde gerade in dieser Zeit immer wieder kleinere und größere Sprünge zur Energieanhebung vollzieht.

Für Menschen, die noch voll in der 3. Dimension stehen, zeigt sich das als Naturkatastrophen wie Erdbeben, Stürme, Überschwemmungen und Vulkanausbrüche.

Für Menschen, die mit Mutter Erde schon ein Stück weit in die 5. Dimension gewechselt sind, erschließt sich das als nötige, kleine Schritte, um die Energie recht sanft anzuheben.

Es vollzieht sich ein nötiger Reinigungsprozess, der euch Menschen manchmal wohl etwas unfair erscheinen mag.

Wir Tiere wissen um die Notwendigkeit dieser kleinen Sprünge.

*Die Alternative hierzu wäre eine Art neue Eiszeit, bei der absolut **ALLES Leben** auf Erden ausgelöscht würde.*

Nicht ein Tier, nicht ein Mensch, lediglich vielleicht ein paar Pflanzen würden überleben.

Was würden euch eure eingelagerten Samen und Eizellen, all die Embryos, die ohne Wissen der Öffentlichkeit gesammelt wurden, nützen, wenn niemand da sein wird, sie ins Leben zu rufen.

Sollte ein Mensch diese »Eiszeit« überleben, also den schlimmsten Fall, so würde er doch im Lauf der Jahre oder Jahrzehnte sterben, weil ihm Nahrung oder einfach die Nähe zu etwas anderem Lebendigen fehlen würde.

Glaubt uns einfach, dass es, so wie es ist, der bessere Weg ist.

Auch alle Menschen, die nicht an einen Aufstieg glauben, was voll-
kommen natürlich und auch von den Mächtigen so gewollt ist, werden
zugeben müssen, dass es eine sehr seltsame Häufung von »Naturkata-
strophen« in den letzten Monaten und vielleicht auch Jahren gab.

Wie das alles zusammenhängt, können sich die Wenigsten erklären.

Aber schließlich steht es jedem zu, an Zufälle zu glauben.

Dieses Menschenkind, das wir hier nun gebeten haben, dieses Buch in
unvorstellbar schneller Zeit zu schreiben, durfte lernen, dass es Zufälle
nicht gibt und auch nie gegeben hat.

Sie äußert eine Bitte und bekommt eine Antwort.

Jeder, der nur stark genug an das glaubt, was er tut, und voll ins Ver-
trauen geht, dass es das für alle Beteiligten Richtige ist, der bekommt
alles, was er benötigt, und zwar genau zur rechten Zeit.

Seht unser Menschenkind Barbara an. Sie hat sich ins Vertrauen bege-
ben.

Und was danach kam, wisst ihr ja.

Sie wurde ins Fernsehen eingeladen, bekam so viele Kunden, wie in den
sechs Jahren zuvor wohl noch nie.

Deshalb ward es ihr möglich, dieses Buch zu schreiben. Sie bekam den
Auftrag dazu und tat alles nur Mögliche, und ab und zu auch das
Unmögliche, um diese Bitte unsererseits zu erfüllen.

Sie bat um Hilfe mit den verschwunden Tieren, für die sie keine Zeit
mehr hat und die wir ihr auch nicht einräumen konnten, und weniger
als eine Woche nach dieser Bitte klingelte das Telefon und eine Kollegin,
die gerne mit verschwundenen Tieren arbeitet, trat in ihr Leben.

Barbara sitzt jetzt, am letzten Tag, dem 30. Juni 2011, dem Tag der Voll-
endung, noch hier an ihrem Schreibplatz und weiß noch nicht, wie dieses
Buch verlegt werden könnte.

Aber sie vertraut darauf, dass alles seine Richtigkeit haben wird.

Und wir werden sie auch dieses Mal davon überzeugen, wie sinnvoll es
ist, zu vertrauen.

Jeder, der dieses Buch in Händen hält, wird wissen, dass ihr Vertrauen in uns gerechtfertigt war. Andernfalls könnte er dieses Buch ja nicht in Händen halten.

Unsere Hinweise um sich zu schützen sind also wie folgt:

Es ist wichtig sich zu schützen:

— *mit dem lila-goldenen*

— *oder dem silber-weißen Lichtnetz*

— *indem ihr eure Krafttiere um Hilfe und Unterstützung bittet*

Es ist wichtig sich zu erden,
um die bestmögliche Anbindung zu Mutter Erde zu haben:

— *um sich langsam aber sicher der Dimension der 5 anzunähern und anzupassen*

— *um die »kleinen Ruckler«, die Mutter Erde tätigt, bestmöglich zu überstehen*

— *um ein Gefühl für kommende Zeiten zu bekommen und*

— *um mit Mutter Erde in genau der gleichen Schwingung zu bleiben. Das wird umso wichtiger werden, je schneller, höher und feiner Mutter Erde schwingt.*

— *Außerdem hat der, der sich erdet, einen viel besseren »Draht« zur geistigen Welt, da die Grenzen zwischen geistiger und materieller Welt immer weiter verschwimmen.*

Esst nur noch reine und natürliche Lebensmittel!

— *Achtet besonders darauf, so wenig, wenn möglich keine, chemisch oder sonstwie veränderten Nahrungsmittel zu euch zu nehmen.*

— *Esst die Lebensmittel, die Mutter Erde euch zur Verfügung stellt und das in ihrer natürlichen Form*

Denkt einmal darüber nach, ob es sinnvoll ist, uns Tiere zu essen.

– *Dies soll kein »Moralapostelbuch« sein. Aber Du, der du dieses Buch nun in Händen hältst und es bis hierher gelesen hast, wirst sicherlich eine Veränderung in deiner ganz persönlichen Beziehung zu uns Tieren spüren. Zumindest haben wir, der »Rat der Tiere«, uns das durch dieses Buch erhofft.*

– *So, überdenke also nun und fühle dazu tief in dein Herz, ob es für dich und auch dein spirituelles Sein noch weiter notwendig und möglich ist, uns Tiere zu essen.*

Trinkt nur noch reines und lebendiges Wasser!

Es wird immer wichtiger für euren Körper, natürliches und lebendiges Wasser zu trinken, da dieser nur mit der optimalen Unterstützung auch optimal und im Einklang mit Mutter Erde schwingen kann.

– *Kohlensäure schadet euch und macht euch sauer.*

– *Auch bestrahltes oder chemisch oder sonstwie bearbeitetes Wasser schadet euch.*

– *Trinkt ausreichend, denn Wasser ist der Quell des Lebens. Fast euer ganzer Körper besteht aus Wasser.*

– *Euer ganzer Körper besteht aber mit Sicherheit aus Schwingung.*

– *Schwingung und Wasser.*

– *Was liegt also näher, als harmonisch schwingendes Wasser in ausreichender Menge zu sich zu nehmen?*

– *Mehr benötigt euer Körper nicht als Grundlage.*

Achtet und respektiert euch gegenseitig!

– *So wird niemand auf euch Einfluss nehmen können, da ihr rein und frei werdet.*

Nehmt keine Drogen zu euch!

- Trinkt weder Alkohol, noch raucht und verzichtet auch auf andere Drogen.
- Dies alles schadet nur eurem Körper und macht es euch unmöglich, höher zu schwingen.

Natürlich steht es jedem frei, so zu handeln, wie es ihm beliebt.

Dennoch erachten wir diese Hinweise als sehr hilfreich für all diejenigen, die reiner und »leichter« werden möchten.

Es ist äußerst wichtig, dass ein jeder in sich selbst hineinfühlt und hineinhorcht, um zu erkennen, welcher Wahrheitsgehalt hinter diesen Worten steckt.

Nur wenn du das von uns Gesagte als wahr anerkennen kannst, sei es auch »nur« mit dem Gefühl, denn der Verstand wird noch lange rebellieren, so kannst du das eine oder andere umsetzen.

Mit jedem der Punkte, die als wahr (an)erkannt und umgesetzt werden, steigt die Schwingung in uns selbst und somit die Schwingung von Mutter Erde.

Das wiederum bedeutet einen leichteren und harmonischeren Aufstieg.

Und was das bedeutet, konnten wir euch ja vielleicht klarmachen.

Von unserer Seite ist für den ersten Band alles gesagt.

Wir freuen uns schon sehr auf ein Wiedersehen mit euch allen.

Für den nächsten Band haben wir eine Zeitreise geplant.

Mehr wird noch nicht verraten. Auch Barbara weiß bisher noch nicht mehr.

Das ist etwas, das sogar für uns hochinteressant und spannend ist.

Wie wird sie sich bis dahin noch entwickeln?

Wie tief wird sie bis zu diesem Zeitpunkt in die Geschehnisse eintauchen können?

All das sind Fragen, die bislang noch niemand beantworten kann.

Nun danken wir dir, Barbara, dass du dieses Buch fristgemäß beendet hast und freuen uns sehr, dass die Zusammenarbeit mit dir endlich so klappt, wie wir es uns schon lange wünschen.

Ich danke euch, werter »Rat der Tiere«, für eure abschließenden Worte und Erklärungen.

Ich selbst freue mich sehr, mit euch zusammenarbeiten zu dürfen.

Und natürlich freue ich mich nun auch schon auf den nächsten und, wer weiß wie viele, weitere Bände.

Lassen wir uns alle überraschen.

Abschlusswort von Sandy

Zum endgültigen Abschluss ist es mir aber noch ein Herzenswunsch, Sandy sprechen zu lassen.

Liebe Sandy, Großmeisterin der Hunde, hast du etwas Zeit und findest du Worte, um unser aller Buch zu beenden?

Natürlich finde ich Worte für dich.

Um Worte bin ich nie verlegen.

Ich bin sehr stolz und glücklich, dass du dieses Buch nun tatsächlich und auch in der vorgegebenen Zeit vollendet hast.

Niemand von uns, dem »Rat der Tiere«, der geistigen Welt oder sonst jemand, hat jemals daran gezweifelt.

Die Einzigen, die gezweifelt haben, waren du und dein Umfeld.

Wir wussten immer, dass du irgendwann bereit sein würdest.

Dieses Irgendwann war spät, aber immer noch rechtzeitig.

Anfangs dachten wir wirklich, du würdest kneifen, denn du warst so überrascht, dass wir dich schon mit wehenden Fahnen rennen sahen.

Glücklicherweise haben wir alles so gut vorbereitet, dass dir eine »Flucht« extrem schwierig gemacht wurde.

Wir konnten dir glücklicherweise genügend Sicherheit vermitteln und du warst genug im Vertrauen.

Das Vertrauen auf beiden Seiten wuchs und die Zusammenarbeit wurde immer einfacher und flüssiger.

Du bist während dieses Monats, zu einem wirklich guten Channel-Medium herangewachsen.

Wir sind sehr stolz auf dich und natürlich auch Uwe, deinem Mann, der dir so tatkräftig den Rücken gestärkt und frei gehalten hat, sehr dankbar.

Ohne ihn wäre diese ganze »Reise«, um einmal beim Namen des Buches zu bleiben, unmöglich gewesen.

Wir, der »Rat der Tiere« und die gesamte geistige Welt danken dir dafür, K. Uwe.

Bedenke nur noch, dass das Buch nicht vollendet ist, wenn nicht auch deine Bilder hierfür geschaffen sind.

Es bereitet uns so unendlich viel Freude zu sehen, wie klar und rein du, Barbara, nun geworden bist.

Du stehst fest verankert im Leben und mit beiden Beinen auf dem Boden.

Du wirst zunehmend stärker und sicherer und dein inneres Strahlen wird bald schon die Welt ein Stück weiter zum Leuchten bringen.

Allen Lesern möchte ich auch meinen herzlichen Dank aussprechen.

Wir Tiere sehen ja, wie bereits erklärt wurde, auch Teile der Zukunft.

Schon jetzt sehen wir, wie durch dieses Buch das Verständnis für die Tiere und deren Aufgaben wächst. Wir fühlen schon jetzt einen Ruck der Veränderung durch die Menschheit gehen.

Und wir wissen, wie sehr diese Bücher den Aufstieg harmonisieren werden.

Es wird alles leichter und freier werden.

Nicht nur durch die Arbeit von Barbara und Uwe, sondern auch durch die Arbeit der vielen tausenden Lichtarbeiter wird der Aufstieg von Mutter Erde harmonisch und leicht vonstattengehen.

Wir danken euch allen aus tiefstem Herzen und verbleiben mit all unserer Liebe

*Von **Herz** zu **Herz**!*

Gedanken

K. Uwe Bötsch

Vom Kopf ins Herz – das könnte die Überschrift zu seinem Wirken sein.

Durch seine Gabe, sich in Menschen hinein zu fühlen und durch deren Körpersprache erkennen zu können, welche Worte aus dem Kopf kommen und was das Herz wirklich sagen will, hat K. Uwe Bötsch sich zum Wegweiser für viele Menschen entwickelt.

Er empfindet die Gefühle anderer Menschen und zeigt ihnen dadurch, wie wichtig die momentane Situation für jeden Einzelnen ist.

K. Uwe Bötsch spiegelt die Menschen und führt sie sanft zu der Erkenntnis, wie bedeutend es ist, sich anzunehmen, wie sie sind, und sich dabei auch noch wohl zu fühlen.

Derjenige, der seinen Lebensweg gefunden hat, benötigt keine Hilfe von außen.

Deswegen ist es ein wichtiges Ziel, die Menschen auf ihren Lebensweg zurückzuführen, harmonisch, sanft und durch den Prozess der (Selbst-)Erkenntnis.

Vermisste Tiere helfen den Menschen unter anderem dabei, sich selbst zu finden.

»Bei den meisten vermissten Tieren ist der Mensch derjenige, den wir finden dürfen, besser gesagt sein Gefühl, sein Herz, seine Liebe …«

Nach diesem Motto hat Uwe schon sehr vielen Tieren die harmonische Heimkehr zu ihren Menschen ermöglicht und den Menschen einen vollkommen neuen Weg zu sich selbst eröffnet.

Alles hat immer einen Grund und Uwe hat die Gabe, von Herz zu Herz mit den Menschen zu arbeiten, damit die ganze Menschenfamilie harmonisch aufschwingt in die nächsten Zeitabschnitte des großen, unendlichen Spiels des Universums.

Die Seele steht im Mittelpunkt seiner Arbeit. Alles, was aus dem Herzen heraus geschieht, geschieht im Einklang mit der Seele.

Seelen-reisen, Seelen-liebe, Seelen-verbindungen, Seelen-anteile, Seelen-heil, Seelen-frieden, Seelen-flug, Seelen-verschmelzung, Seelen-verletzung, Seelen-verzeihung und Seelen-heilung. All das erfühlt K. Uwe Bötsch und hält es in einmaligen Seelen-Bildern fest.

Er benötigt für die Erschaffung eines Seelen-Bildes ein Foto, den kompletten Namen, das Datum und die Uhrzeit der Geburt eines Menschen.

Aktuelle Kontaktdaten, Bilder und weitere Informationen finden Sie unter **www.tierkommunikation.eu** oder **www.kumo-ug.eu**

Zum Abschluß

Meine Vision

Als Uwe und ich vor etwa zwei Jahren im Thermalbad waren und ich entspannt am Rand des Beckens hing, hatte ich auf einmal ein Bild vor Augen.

Ich sah einen Hof, der etwas erhöht auf einem kleinen Hügel liegt.

In einiger Entfernung von dem Hof, am Fuße des Hügels, sehe ich einen See mit einem Blockhüttendorf. Die Blockhütten sind im Stil kanadischer Holzhäuser gebaut.

Sie stehen im Kreis um einen zentralen Versammlungsplatz angeordnet.

Erst wusste ich überhaupt nichts damit anzufangen, aber als ich Uwe von dieser Vision erzählte, bekam ich eine Gänsehaut am ganzen Körper und brach vor all den anderen Badegästen in Tränen aus. Das war für mich ein sicheres Zeichen, dass dieses Bild nicht einfach von mir erdacht war, sondern dass es eine Vision war, die mir geschickt worden war.

Seit diesem Zeitpunkt lässt mich diese Vision nicht mehr los und es kommen immer neue Details dazu.

Da dieses Buch vermutlich auch zum Teil der Verwirklichung meiner Vision dient, möchte ich dich, lieber Leser, daran teilhaben lassen.

Der Hof erinnert im Aussehen an einen Hof im Allgäu, mit einem großen Balkon mit wundervollen Geranien.

Neben dem Haupthaus ist ein kleineres Haus mit Seminarräumen und Behandlungszimmern.

Hier könnte eine Wellness-Oase untergebracht sein.

Hinter dem Haupthaus sind die Stallungen.

Alle Tiere, die auf dem Hof leben, leben so artgerecht wie nur irgend möglich.

Die Tiere können sich frei bewegen und haben ausreichend Platz.

Zwang oder Gefangenschaft, wie es viele Tiere heutzutage erfahren müssen, wird den tierischen Bewohnern des Hofes fremd sein.

Jeder soll seinen Bedürfnissen gerecht leben.

Der Hügel, der zum See führt, ist ganz sanft absteigend und vermutlich mit einer bunten Wiese oder einem schönen Garten bewachsen.

Auf dem See kann man mit einem kleineren Boot fahren und sicherlich auch segeln. Er ist aber lange nicht so groß wie der Bodensee oder ähnliches. Der See gehört zum Hof.

An dem See werden wir (Uwe, ich und vielleicht noch jemand anderes?) das Blockhüttendorf bauen.

Die Hütten sind relativ einfach gehalten, mit einem Kamin zum Heizen und einem holzbetriebenen Ofen zum Kochen.

In jedem Haus sind zwei Schlafzimmer und ein Aufenthaltsraum.

Der Hof und die Blockhütten sind weitestgehend autark.

Der Strom wird selbst produziert, das Wasser wird aus einer zum Hof gehörenden Quelle bezogen und das Abwasser wird durch eine eigene Bio-Kläranlage gereinigt.

Die Menschen kommen zu uns, um sich zu erholen, Seminare zu besuchen und sich selbst und der Natur wieder näher zu kommen.

Der Hof ist ein Ort der Ruhe, der Entspannung und der persönlichen Weiterentwicklung.

Hier können sich die Menschen wiederfinden.

Die Tiere helfen ihnen dabei.

Jeder Mensch hat die Möglichkeit, ein »Begleittier« für die Zeit seines Aufenthaltes zu finden.

Dieses Tier kommt aus freien Stücken zu dem Menschen und bietet seine Hilfe oder Unterstützung an.

Die Tiere helfen den Menschen auf verschiedenste Weise.

Es werden sehr viele Gäste da sein, die die unterschiedlichsten Seminare anbieten.

Da der Ort ein Ort der Ruhe und der Entspannung ist, sind Mobiltelefone und ähnliches unerwünscht.

Jeder soll vom Alltagsstress abschalten und zur Ruhe finden können.

Das ist meine Vision.

Die Tiere haben mir gerade in den letzten Tagen des Öfteren gesagt, der Hof sei da.

Ich weiß, dass es nur noch eine Frage der Zeit ist, diesen Hof zu finden oder besser, mit ihm zusammengeführt zu werden.

Ich freue mich auf ein Treffen mit euch allen in Ruhe, Frieden und Harmonie.

Die Autorin

Barbara K. U. Franke wurde 1978 in Göppingen / Baden-Württemberg geboren.

Von Anfang an wurde sie von Tieren begleitet und hatte schon immer eine besondere Beziehung zu ihnen.

Als kleines Kind schon wusste sie, dass sie ihr Leben den Tieren widmen wollte und sollte.

Ihr Weg führte sie über eine Ausbildung zur Tierarzthelferin, um die Wartezeit für ein Tiermedizinstudium zu überbrücken, weg von der Schulmedizin, hin zu einer Ausbildung zur Tierheilpraktikerin.

Doch selbst hier, in der ganzheitlichen Heilkunde, fehlte Barbara die Frage nach dem wahren Ursprung einer Krankheit.

Durch einen »Zufall« wurde Barbara dann zur Tierkommunikation geführt und fand dort endlich die Tiefe, die ihr bis dahin gefehlt hatte.

Seit 2005 sprach sie mit hunderten von Tieren der verschiedensten Gattungen und hat in dieser Zeit gelernt, den Tieren zu vertrauen.

Durch ihr uneingeschränktes Vertrauen in die Worte und Botschaften der Tiere wuchs sie Stück für Stück und durfte dadurch schon vielen Tieren helfen.

Vermisste und kranke Tiere, Tiere die unverstanden sind, oder Menschen, die sich ihren Tieren nicht verständlich machen können, gehören genauso zu ihren Gesprächspartnern wie Tiere, die bereits verstorben sind oder bei denen die Frage offen steht, ob sie sterben möchten und wie.

Barbara hat sich zur wertvollen Botschafterin für die Tiere entwickelt.

Die Tiere kennen sie und vertrauen ihr, weil sie wissen, dass alles, was sie zu sagen haben, wertungsfrei von ihr Wort für Wort weitergegeben wird.

Seit 2007 bietet Barbara Kurse in telepathischer Kommunikation mit Tieren an.

Durch ihre vielschichtigen Erfahrungen und ihr einfühlsames Wesen kann sie den tiefen Sinn der Tierkommunikation und noch viele nützliche Lebensregeln an ihre Kursteilnehmer weitergeben.

Barbara K. U. Franke hat ihren Weg gefunden und ihr Herz geöffnet für die wundervolle Welt der Tiere.

Mit ihren Büchern macht sie die Geheimnisse der Tiere vielen Menschen zugänglich. Nun ist es an der Zeit, das wahre Wesen der Tiere, ihre Hierarchien und Aufgaben einer breiten Masse zugänglich zu machen.

Aktuelle Kontaktdaten, Kurstermine und alles Wissenswerte findest du unter **www.tierkommunikation.eu**